O discernimento

Marko Ivan Rupnik

O discernimento

Dados Internacionais de Catalogação na Publicação (CIP)
(Câmara Brasileira do Livro, SP, Brasil)

Rupnik, Marko Ivan
 O discernimento / Marko Ivan Rupnik; tradução Euclides Martins Balancin. — 2. ed. — São Paulo : Paulinas, 2008. — (Coleção água viva)

 Título original: Il discernimento
 Bibliografia
 ISBN 978-85-356-1267-7

 1. Espiritualidade I. Título. II. Série

08-11422 CDD-231.7

Índice para catálogo sistemático:

1. Comunicação de Deus com o homem : Discernimento :
   Doutrina cristã : Cristianismo 231.7
2. Discernimento : Comunicação Deus-homem :
   Doutrina cristã : Cristianismo 231.7

Título original da obra: *IL DISCERNIMENTO (prima e seconda parti)*
© *Lipa Srl, Via Paolina, 25 — 00184 Roma — 2000*

Citações bíblicas: *Bíblia Sagrada — tradução da CNBB, 2. ed., 2002*

Direção-geral: *Flávia Reginatto*
Editora responsável: *Vera Ivanise Bombonatto*
Tradução: *Euclides Martins Balancin*
Copidesque: *Cristina Paixão Lopes*
Coordenação de revisão: *Andréia Schweitzer*
Revisão: *Patrizia Zagni*
Direção de arte: *Irma Cipriani*
Gerente de produção: *Felício Calegaro Neto*
Capa e produção de arte: *Telma Custódio*

2ª edição – 2008
2ª reimpressão – 2020

Nenhuma parte desta obra poderá ser reproduzida ou transmitida por qualquer forma e/ou quaisquer meios (eletrônico ou mecânico, incluindo fotocópia e gravação) ou arquivada em qualquer sistema ou banco de dados sem permissão escrita da Editora. Direitos reservados.

Paulinas

Rua Dona Inácia Uchoa, 62
04110-020 – São Paulo – SP (Brasil)
Tel.: (11) 2125-3500
http://www.paulinas.com.br – editora@paulinas.com.br
Telemarketing e SAC: 0800-7010081

© Pia Sociedade Filhas de São Paulo – São Paulo, 2004

Apresentação da edição brasileira

▶Falar em discernimento hoje em dia significa reconhecer a necessidade de que todos temos de compreender bem o sentido da vida, os rumos a ser tomados e os desafios a ser enfrentados. A vida, que se apresenta com todos os seus enigmas, cobra de cada um postura interior de busca e de abertura espiritual que, se for honesta e conforme a verdade, se torna motivo de alegria, realização e promessa de plenitude.

O texto "O Discernimento", do pe. Marko Ivan Rupnik, artista, mestre de vida espiritual e doutor em Teologia, coloca-se à disposição dos que ainda apostam na existência e querem descobrir a face de gratuidade e dom que ela tem. De fato, todos recebemos vida sem merecimento algum, sem ser protagonistas no momento de nossa origem e criação. A vida manifesta-se na consciência de cada um como dom concedido à liberdade, desafiando a responsabilidade pessoal e comunitária. A morte chega e cobra de volta algo que nos foi dado de graça. A cobrança do fim não é só restituição neutra do que nos foi entregue no começo: há uma cobrança de amor e de verdade que, no término da vida, desvela o nosso compromisso e a nossa adesão ao desígnio de comunhão iniciador e sustentador de toda existência.

O mistério inefável da comunhão eterna e divina da Santíssima Trindade revela-se como origem e destino quando, na nossa vida do dia-a-dia, ele vem sendo percebido como amor. É esse amor que desmascara toda forma de hipocrisia e mediocridade, até as mais escondidas; perdoa e convida à vida nova da comunhão fraterna na única paternidade divina. Jesus Cristo, Filho unigênito de Deus, mostrando o caminho para a reconciliação com o Pai, promete o Espírito Santo, mestre do discernimento, para que a verdade sobre cada um de nós e sobre a realidade seja próxima de todo homem e mulher de boa vontade, isto é, honestos e autênticos.

Dada a presença operante do mal, como antiprojeto do grande tentador que quer a separação entre Deus Trindade e os seus filhos, o Espírito Santo, presente no coração de todos, inicia um verdadeiro discernimento, em primeiro lugar como *purificação* (conhecimento de si mesmo em Deus e da presença de Deus no concreto da própria história) e só depois como *obediência à vontade de Deus* na vida de cada um. A plenitude e a promessa de vida eterna se estabelecem como resultado de uma existência totalmente vivida em obediência à vontade de Deus, Senhor e Iniciador da vida, que nos conhece e ama muito mais do que nós podemos nos amar e conhecer. Descoberto o rosto misericordioso de Deus Pai pelo Filho no Espírito, o filho e a filha autenticamente comprometidos com a vida entregam-se e deixam-se levar para onde Deus Trindade quiser: nada se torna impossível para os que se entregam e confiam como Maria, Virgem Mãe de Jesus Cristo.

Todos, homem e mulher, jovem e ancião, pobre e rico, além de sua pertença cultural e ideológica, se forem honestos consigo mesmos e desejosos de maior autenticidade em sua existência, sentirão a necessidade de parar no silêncio e de discernir. Muitas emoções, desejos, sentimentos, prazeres, gostos, paixões moram com muita ambigüidade em nosso coração: a luz da verdade que habita em nós desencadeia esse discernimento, essa verificação no amor, essa confrontação com a realidade, provocando nossa liberdade.

Tudo isso se faz muito mais necessário atualmente em nosso mundo globalizado e consumista: não só gritos e críticas estereotipadas contra o poder esmagador e explorador do dinheiro, da dominação e da violência sexual. A ineficácia atual de muita propaganda contestadora da ideologia do mercado, que se acha crítica e alternativa, está na sua incapacidade de trabalhar a conversão, a purificação e o discernimento do nosso coração, centro da nossa pessoa e de toda ação, pensamento e palavra. Ao jovem de hoje, bombardeado por mil mensagens ambíguas e desviantes, não é mais suficiente uma contraproposta de crítica ideológica ou de simples engajamento social. É preciso muito mais: descer no profundo de si, ter coragem de se enxergar com o olhar honesto e misericordioso de Cristo, que, como Palavra divina, leva para o Pai. E ainda mais: descobrir que o Espírito de Deus não só perdoa sempre e sem limite algum, mas oferece também uma renovada possibilidade de saída e retomada do caminho da vida. Basta se entregar e deixá-lo entrar em nós. Trata-se de um confronto constante e sincero da Palavra de Deus conosco. O sofrimento da purificação leva à descoberta da própria vocação e oferece força para sua realização.

Pe. Marko oferece na sua reflexão uma proposta fascinante e nova. O conhecimento e o amor profundo que ele tem pela Tradição dos Padres da Igreja e da grande sabedoria dos pensadores, filósofos, teólogos e santos das Igrejas cristãs orientais ortodoxas são um convite para um discernimento rico de experiências, culturas, arte e pensamentos que pouco conhecemos. A falta de maior comunhão com a Tradição oriental cristã evidencia um perigo de empobrecimento espiritual e teológico-espiritual de todo o mundo e da Igreja ocidental.

O caminho de discernimento aqui proposto revela-nos como ninguém está isolado na busca da verdade e da felicidade: pertencemos a uma extensa e rica Tradição de irmãs e irmãos do Ocidente e Oriente cristão que, ao longo de séculos de seguimento de Jesus Cristo na sua Igreja, Corpo e Esposa, se submeteram com muita humildade ao discernimento do Espírito Santo e da Sagrada Escritura. Graças a tudo isso, eles deixaram textos, palavras e pensamentos que ainda hoje podem nortear o nosso caminho de discernimento. Eles nos acompanham garantindo com a própria santidade que não apenas foi possível compreender o autêntico sentido da vida, mas também foi possível alcançá-lo e, na entrega total ao Senhor da vida, chegar à plenitude da felicidade. Na comunhão de todos os Santos em Deus Trindade (Igreja do céu, da purificação e da peregrinação terrena, que somos nós viandantes da história do século XXI), não nos sentimos friamente abandonados às nossas ambigüidades, incapacidades, pecados e derrotas. Em Cristo, para o Pai no Espírito, não há fracasso que não se possa tornar entrega e redenção. A morte na cruz do Filho testemunha isso para toda a humanidade de todos os tempos.

Agora só falta a sua curiosidade de leitor, a sua vontade de pureza interior, o seu desejo de verdade e amor, a sua abertura a pensamentos e sabedoria que raramente se encontram em nossas livrarias. Somente a partir de uma autêntica curiosidade intelectual e espiritual sem preconceitos e culturalmente livre de qualquer chavão e estereótipo, você, leitor, poderá aproveitar e, conduzido pela sabedoria de longos séculos de discernimento de homens e mulheres seriamente comprometidos consigo, com Deus e com o irmão, alcançar uma vida mais verdadeira e geradora de muita autenticidade. Só assim podemos esperar profundas e duradouras mudanças e reformas.

Não tenha medo de olhar profundamente para dentro de si, do seu coração. Em Cristo, você encontrará muito mais do que pensa ser e ter!

Belém, 21 de dezembro de 2003
IV Domingo de Advento
Pe. Fabrizio Meroni, pime
Diretor dos Cursos
Centro de Cultura e Formação Cristã
Arquidiocese de Belém, PA

PRIMEIRA PARTE

▶ Em busca do gosto de Deus

Proêmio

Já faz anos que se começou a falar novamente em discernimento, que em última análise significa a arte de conhecer a Cristo e reconhecê-lo como nosso Senhor e nosso Salvador. Por si, é a Igreja, por meio da sua tradição e do magistério de seus pastores, que traça esse discernimento ao longo dos tempos e dos espaços para a comunidade eclesial em sua globalidade. Essa é uma primeira acepção com que podemos entender o discernimento. Todavia, como isso vale para a Igreja em sua totalidade, para cada uma das comunidades eclesiais e para a vida individual das pessoas com todo o seu alcance concreto, podemos falar sobre discernimento de muitos modos. Além disso, há o discernimento que se refere aos espíritos (cf. 1Cor 12,10). Há também o discernimento das moções interiores, dos pensamentos e dos sentimentos; há o discernimento das vocações, dos estados de vida etc. Há o discernimento das pessoas individuais e das comunidades. Há, inclusive, um discernimento que se refere mais estritamente à moral.[1]

Este livro fala sobre o discernimento e desvenda suas dinâmicas como arte de comunicação entre Deus e o homem e de compreensão recíproca. Por causa dessa sua abordagem da realidade fundamental do discernimento, trata das acepções anteriormente mencionadas de modo transversal.

---

[1] Para um itinerário histórico do discernimento e para uma análise detalhada em todas as dimensões anteriormente mencionadas, cf. JURADO, R. M. *Il discernimento spirituale. Teologia, storia, pratica*. Cinisello Balsamo, 1997. Cf. também o artigo "Discernement des ésprits". In: *Dictionnaire de spiritualité*. Paris, 1957, III, pp. 1222-1291. Para o aspecto prático-didático, cf. FAUSTI, S. *Occasione o tentazione*. Milano, 1997.

Nessa chave — o discernimento como comunicação entre Deus e o homem — são respeitadas duas etapas da caminhada: uma primeira etapa de purificação, que leva a um autêntico conhecimento de si em Deus e de Deus na própria história, e uma segunda na qual o discernimento se torna um *habitus*. Em virtude das várias dinâmicas próprias dessas duas fases do discernimento, o texto é dividido em dois volumes. Nesta primeira parte será tratada a primeira etapa, conforme a seguinte divisão: o primeiro capítulo oferece as referências teológicas que formam o quadro no qual se insere o discernimento — qual idéia de Deus e do homem a razão fornece para que esses dois sujeitos possam se comunicar e se entender reciprocamente no amor e na liberdade; o segundo capítulo explica o que é o discernimento e, enfim, o terceiro capítulo faz uma introdução sobre as dinâmicas da primeira fase do discernimento.

Esclarecemos que, apesar de ser útil o conhecimento de textos que abordem este tema, o discernimento é, no entanto, uma realidade à qual é preciso ser iniciado, que requer uma abordagem experiencial-racional. Portanto, este pequeno livro não exime do fato de que o discernimento deva ser aprendido com um mestre, no trabalho de uma caminhada que progressivamente procure tornar a pessoa cada vez mais conforme ao Senhor.

1
Onde se insere o discernimento

Há uma relação real entre Deus e o homem? Se há, em que consiste? Há uma objetividade? Que linguagem Deus e o homem usam quando se comunicam? É uma linguagem unívoca, analógica ou dialética? Deus ordena e o homem apenas obedece, executa? Ou o homem pensa no que agradaria a Deus com base em alguns mandamentos divinos e o realiza? Há espaço de autonomia para o homem dentro do grande plano divino?

Os mestres da vida espiritual não estariam de acordo com a maneira de impostar a questão submetida a essas perguntas. Para eles, essas duas realidades não podem ser tratadas como se fossem divididas. A relação entre Deus e o homem se realiza no Espírito Santo, a Pessoa divina que faz com que o homem participe do amor do Pai no Filho.[1] Essa participação, isto é, a presença do amor divino no homem, possibilita o acesso a Deus e ao homem, criado nesse amor. Não só isso. Essa habitação divina em nós faz com que Deus não permaneça fora da nossa realidade humana, mas se torne — como diz Pavel Evdokimov — um fato dentro da nossa natureza.[2]

Entre a pessoa humana e seu Senhor há, portanto, uma comunicação verdadeira que, para ter a garantia da liberdade, se vale dos pensamentos e dos sentimentos do homem. Os santos

---

[1] Cf. ŠPIDLÍK, T. *La spiritualità dell'Oriente cristiano. I: Manuale sistematico*. Roma, 1985. pp. 25-30. Ver também FLORENSKIJ, P. *Colonna e fondamento della verità*. Milano, 1974. pp. 153-188; TENACE, M. *Dire l'uomo. II: Dall'immagine di Dio alla somiglianza*. Roma, 1997. pp. 17-44.

[2] EVDOKIMOV, P. L'Esprit-Saint et l'Église d'après la tradition liturgique. In: *L'Esprit-Saint e l'Église. Actes du symposium*... Paris, 1969. p. 98.

padres geralmente optavam pela linguagem simbólica, considerando-a a linguagem na qual a comunicação divino-humana se realiza mais autenticamente.[3] Para eles, o discernimento é oração, verdadeira arte da vida no Espírito Santo. Portanto, o discernimento faz parte da relação vivida entre Deus e o homem, ou melhor, é exatamente o espaço no qual o homem experimenta a relação com Deus como experiência de liberdade e, até mesmo, como possibilidade de se criar. No discernimento, o homem experimenta sua identidade como criador da própria pessoa. Nesse sentido, é a arte na qual o homem manifesta a si mesmo na criatividade da história e cria a história criando a si mesmo.

O discernimento é, portanto, uma realidade relacional, como o é a própria fé. De fato, a fé cristã é uma realidade relacional, porque o Deus que se nos revela se comunica como amor, e o amor pressupõe o reconhecimento de um "tu".[4] Deus é amor, porque comunicação absoluta, eterna relacionalidade, tanto no ato primordial do amor recíproco das três Pessoas divinas quanto na criação. Por isso, a experiência da relação livre que o homem experimenta no discernimento nunca é apenas relação entre homem e Deus, mas inclui a relação homem-homem e até mesmo homem-criação, pois entrar numa relação autêntica com Deus significa entrar nessa ótica do amor que é uma relação vivificadora com tudo o que existe. Tornar própria essa visão significa captar a infra-estrutura coesiva de fios que ligam e conectam todas as partes da criação e fazem surgir a comunhão ao ser de tudo o que existe. Como todos esses fios indicam o mesmo aspecto da realidade divina, sua presença nas coisas, nos objetos, na produção humana infunde neles novo significado, pelo qual cada coisa e cada ação são capazes de assumir um significado mais profundo. Assim nos é oferecida uma

---
[3] Cf., por exemplo, Brock, S. I tre modi dell'autorivelazione di Dio. In: —. *L'occhio luminoso. La visione spirituale di sant'Efrem*. Roma, 1999. pp. 43-46.

[4] Cf. Ivanov, V. Ty esi. In: *Sobr. Soc.* Vol. III. Bruxelles, 1979. pp. 263-268; —. Anima. In: Ibidem, pp. 270-293.

visão essencialmente sacramental do mundo pela qual, através das coisas, temos acesso à sua verdade.[5] Então, o discernimento é a arte de compreender a si mesmo, levando em conta essa estrutura coesiva do conjunto, ver-se na unidade porque se vê com os olhos de Deus que vê a unidade de vida.

ENTENDER-SE COM DEUS

Nós cremos em Deus Pai, Filho e Espírito Santo. Um Deus ideal; um Deus-conceito não teria para nós, cristãos, peso indiscutível e absoluto. Nós, cristãos, somos tais porque a revelação nos comunica um Deus Trindade, ao qual nos dirigimos como a três Pessoas. Ao invocarmos cada uma das Pessoas, de fato invocamos o Deus todo, pois cada Pessoa existe numa relação de unidade indissolúvel e total com as outras duas. Quando afirmamos crer em Deus Pai, ao mesmo tempo estamos dizendo que cremos no Espírito Santo e no Filho. O mesmo vale para cada uma das Pessoas divinas: a referência a cada uma delas abarca, automaticamente, a comunhão trinitária delas, remetendo às outras duas Pessoas divinas. Nesse sentido, o primeiro artigo do Credo é de capital importância: "Creio em um só Deus Pai". Afirmar que se crê em Deus é simplesmente muito mais ambíguo, pois seria uma afirmação mais aberta às interpretações, compreensões e até mesmo às idolatrias mais variadas — das idéias aos conceitos, às estatutas, aos ritos; do abstracionismo às realidades sensuais. Contudo, crer em Deus Pai quer dizer que Deus é uma concretude além de toda manipulação possível, pois

---

[5] Cf. toda a função da matéria na salvação como aparece na teologia oriental, como instrumento e contexto para o poder salvífico de Deus e a recapitulação em Cristo de toda a criação. Como exemplo, ver a permanência dessa sensibilidade por meio de autores e épocas diferentes: JOÃO DAMASCENO. *Contra as imagens*. I, 16; NICOLAU CABASILAS. *A vida em Cristo*. PG, 150, 581; SOLOV'ĔV, B. V. *Socinenija* VI, pp. 35ss.; cf. ŠPIDLÍK. In: *La mistica*... Roma, 1984. pp. 658ss.; SCHMEMANN, A. *The world as a sacrament*. London, 1994; ZIZIOULAS, I. *Il creato come eucarestia*. Magnano, 1994.

"Pai" significa uma pessoa, e a pessoa não é um conceito, mas uma realidade, uma concretude.[6] Dizer "Pai" significa apontar um rosto, e o rosto — embora nunca visto — é sempre concreto e designa uma realidade pessoal, precisa, objetiva em si mesma. Ao dizermos "Pai", falamos da concretude de Deus nas três Pessoas, como também da concretude de suas relações. Ao mesmo tempo, porém, dizer "Creio em Deus Pai" significa afirmar a própria identidade, desvendar o próprio rosto, porque quem pronuncia a palavra "Pai" se declara filho, uma filiação que se descobre justamente por causa da revelação de Deus como Pai.[7]

O artigo de fé "Creio em um só Deus Pai" explicita a relação que há entre o homem e Deus, que é exatamente a relação de filiação. A fé é, portanto, uma relação de filhos. Isso quer dizer, então, que não podemos aproximar-nos da questão da fé com princípios e terminologia abstratos.

O AMOR COMO CONCRETUDE DE RELAÇÕES LIVRES

A pessoa de Deus em que cremos, que contemplamos e adoramos na unidade do Deus tripessoal, se revela como concretude de relações livres e de comunicação. O Deus tripessoal é, antes de tudo, revelação de si mesmo como ausência de necessidade. Em Deus, cada Pessoa subsiste num amor absolutamente livre, além de qualquer lei de necessidade. Quando João diz que Deus é amor, afirma que ele é livre e que o amor significa livre adesão, relacionalidade livre. Se não há relação livre, não se pode falar de amor, mas de uma outra realidade. Em Deus há um amor livre não somente entre as três Pessoas, mas também de cada Pessoa para com a natureza divina que cada uma delas possui inteiramente.[8] A livre relacionalidade em Deus deve, portanto,

---

[6] Cf. ATANÁSIO. *Ad Serapionem*, ep. III.

[7] Cf. ŠPIDLÍK, T. *Noi nella Trinità. Breve saggio sulla Trinità*. Roma, 2000.

[8] Sobre isso, cf. RUPNIK, M. I. Dire l'uomo. *I: Per una cultura della pasqua*. Roma, 1997. pp. 77-89.

1. Onde se insere o discernimento

ser entendida no modo interpessoal: cada Pessoa divina possui a natureza de Deus, dando-lhe uma marca totalmente pessoal — do Pai, do Filho ou do Espírito Santo — de maneira que a relação deles inclui também a natureza que todas as Pessoas possuem completamente, cada uma a seu modo. Trata-se, portanto, de uma relação complexa, mas completamente livre, de uma adesão tão livre que João pode dizer: "Deus é amor".

A relação de Deus nas suas Pessoas santíssimas é uma comunicação não somente no sentido de que as Pessoas divinas *se comunicam* entre si, mas antes de tudo no sentido de que *se comunicam* no amor recíproco, doando-se a si mesmas no amor. Essa comunicação intradivina não é isolada da comunicação de Deus com a sua criação. Deus não somente *se comunica* com a criação — e sobretudo com o homem como pessoa criada — mas *comunica a si mesmo*. Somente pelo fato de Deus ser amor é que nós podemos chegar a conhecê-lo, porque o amor significa relação, isto é, *comunicação* e, portanto, *comunicar a si mesmo*.[9] O nosso conhecimento de Deus não é, portanto, conhecimento teórico, abstrato, mas conhecimento comunicativo, isto é, conhecimento dentro do qual acontece um comunicar-se. Deus se comunica de modo pessoal na sua relação livre com nós, seres humanos. O Espírito Santo — que é o comunicador por excelência da Santíssima Trindade com o mundo criado — comunica Deus de modo pessoal, isto é, na maneira do "comunicar-se". Deus se faz presente à pessoa humana quando esta se coloca numa atitude cognoscitiva. Tal conhecimento, que podemos chamar de simbólico-sapiencial, conduz a uma vida semelhante a Deus. O conhecimento de Deus é, portanto, também uma comunicação da arte de viver, isto é, Deus comunica ao homem, em nível cultural, a sua semelhança. O homem é a imagem de Deus. Todavia, por

---

[9] Cf. Bulgakov, S. Glavy o tricnosti. In: *Pravoslavnaja Mysl'* I (1928), pp. 66-70; —. *L'Agnello di Dio*. Roma, pp. 161-162; —. *IL Paraclito*. Bologna, 1971. pp. 345-350. Ver também Zanghí, G. M. *Dio che è amore. Trinità e vita in Cristo*. Roma, 1991, pp. 78; Jevtic', A. *L'infinito cammino. Umanazione di Dio e deificazione dell'uomo*. Sotto il Monte-Schio, 1996. pp. 195-252.

obra da redenção realizada pelo próprio Deus e do Espírito Santo que nos comunica a salvação realizada por Cristo, o ser humano pode conhecer a Deus e realizar esse conhecimento como semelhança a Deus. Num certo sentido, Deus comunica ao homem a sua maneira de ser, que é o amor. Portanto, a pessoa humana também se torna semelhante a Deus quando vive sua vida à maneira do amor, isto é, em comunhão. A semelhança com Deus se realiza numa vida de relações livres, numa adesão livre como imagem da Trindade. O modo de viver adquirido pelo ser humano no conhecimento de Deus é, portanto, o da Igreja, da comunidade; tanto isso é verdade que é a Igreja que nos gera como fiéis.

CRER É AMAR

O conhecimento de Deus não é, portanto, um conhecimento abstrato, de feitio teórico, ao qual o homem conseqüentemente dá uma interpretação prática, ético-moral. O Deus Tripessoal jamais pode ser reduzido a uma doutrina, a uma lista de preceitos, a um esforço ascético, mas é conhecido somente dentro de uma comunicação recíproca, em que a absoluta iniciativa pertence à livre relacionalidade de amor de Deus Pai, ao qual a pessoa humana responde com um ato de fé que, de fato, como vislumbramos, é um ato relacional, isto é, um ato ao mesmo tempo do amor e da liberdade, pois significa reconhecer o outro em toda a sua objetividade e aderir a ele a fim de se orientar radicalmente para Deus.[10] A fé como afirmação radical do Outro, de Deus, significa aderir com todo o próprio ser à objetividade de Deus. Também a fé como conteúdo, como ensinamento, como mentalidade, como moral, se abre ao ser humano por meio do amor, isto é, aquela atitude de reconhecimento, de êxtase, do ser, projetados e orientados para o Outro. Isso porque também no próprio Deus — a Pessoa teologicamente entendida — tudo

---

[10] SOLOV'ËV, V. La critica dei principi astratti. In: *Sulla Divinoumanità e altri scritti*. Milano, 1971. pp. 197-210.

1. Onde se insere o discernimento

é compreensível por meio do amor, da livre adesão. Por isso, podemos dizer que na pessoa a objetividade é a liberdade. A objetividade do outro, de Deus ou de outro homem, significa exatamente a sua relacionalidade livre, que eu jamais posso ter. Não podemos dizer que cremos em Deus a não ser por amor, a única força que após o pecado é capaz de desprender o ser humano de si mesmo e orientá-lo radicalmente ao outro.[11] Crer em Deus Pai, Filho e Espírito Santo significa amar a Deus Pai, Filho e Espírito Santo. Isso já implica um estilo de vida. De fato, crer em Deus, conhecê-lo, amá-lo são realidades que podem ser compreendidas e realizadas somente dentro de uma vivência concreta que se move dentro da tradição, da Igreja. O cisma entre crer e amar é efeito do pecado gravemente danoso. Tal cisma produz no homem uma infinidade de outros cismas, de outras fraturas, que depois se procurará ilusoriamente superar por meio dos vários "ismos": dogmatismo, moralismo, psicologismo e assim por diante. Crer em Deus, conhecê-lo, exatamente porque só é possível amando-o, abrindo-se ao Espírito, é conversão, é renúncia do princípio do mal, do princípio da morte constituído pelo pecado, a fim de aderir radical e livremente a Deus como supremo bem, porque amor tripessoal.[12]

Portanto, podemos crer somente se nos deixarmos permear pelo amor de Deus, porque a fé cresce a partir do amor.[13] Em 1Cor 13, Paulo de fato não diz "se não tivesse amado", mas "se não tivesse amor": isso significa que Deus nos cria dando o seu amor e que o homem existe somente enquanto o Espírito Santo faz o amor de Deus habitar nele; e isso não é iniciativa do ser humano, mas acolhida do dom de Deus. O pecado nos separou do amor de Deus. O ser humano procura realizar a sua vida fora do amor, seguindo em si mesmo aquela dimensão chamada por

---

[11] Idem, ibidem, pp. 88-101.

[12] Idem, *I fondamenti spirituali della vita*. Roma, 1998. pp. 27-35.

[13] Cf. Ivanov, V. Dostoevskij. Tragedija — Mif — Mistika. In: *Sobr. Soc.* Vol. IV. Bruxelles, 1987. pp. 503-555.

Paulo de "carne", que é a parte vulnerável, a parte que percebe próximas a fragilidade e a morte e que pretende salvar-se afirmando-se de maneira exclusiva, unilateral, exigindo para si toda a criação e as relações dos outros. A carne, significa, de fato, rebelião contra o espírito, isto é, contra aquela dimensão da pessoa humana capaz de se abrir ao Espírito de Deus que, com sua ação, habita nela. A carne é rebelião contra a abertura, contra uma relação real, contra a ágape, contra a caridade; é a renúncia à compreensão do amor. O grande risco do qual dificilmente escapamos é que dentro desta nossa realidade não redimida acabamos aprisionando até Deus, procurando sustentar um conhecimento de Deus realizado desse modo auto-afirmativo, em que, de fato, somos nós que damos a forma e o conteúdo da revelação de Deus. Pode-se pensar Deus na ótica da carne, isto é, com a inteligência que raciocina com os critérios da carne. E talvez não haja coisa pior do que pensar Deus com uma inteligência exercida de modo redutivo, com uma racionalidade não mais íntegra. Pode-se reconhecer essa racionalidade cortada, amputada, por sua atitude de domínio, de possessão, de esgotamento de todas as possibilidades, pelo seu sentimento de onipotência. A armadilha principal em que caímos e pela qual nos deixamos enganar é a metodologia do raciocínio, de uma lógica perfeita, impecável, para evitar surpresas, para fechar o sistema, para sentir-se completo e onipotente. Contudo, essa armadilha é falha, porque não consegue encaixar a questão da liberdade. Há uma abordagem dualista: é ideológica, porque procura encaixar a liberdade criando espaços de liberdade e para a liberdade, mas de fato não promove a adesão livre, não inflama o coração como expressão da integralidade do homem e, por isso, não promove a conversão, a não ser com princípios éticos, com imperativos morais, esgotando-se, porém, no seu fracasso que a constrange a descer ou comprometer-se — porque não se pode viver como se pensa — ou a abaixar o pensamento, para não vir a sofrer o fracasso ético. Entretanto, a armadilha que antes ou depois explodirá por causa da falsa liberdade é pensar em alcançar o conhecimento de Deus, em decifrar sua vontade, disso deduzindo os passos morais e ascéticos, sem a experiência de ser redimidos, isto é, sem a experiência do despertar do amor de Deus que habita em nós e que é o único capaz de nos assumir integralmente, de fazer com que experimentemos a integralidade e com que voltemos a uma esfera de relações livres, seja com Deus, seja com o outro. Se o conhecimento de Deus não provém da experiência do seu amor para conosco, experimentado e compreendido no ato da redenção, é ilusão ou idolatria egoísta da própria razão, aquela razão que se incha. Aqui certamente deve ser lembrado Jr 31, onde o profeta proclama que o fruto da nova aliança feita com a casa de Israel será o conhecimento do Senhor com base na experiência da sua misericórdia: "Ninguém mais precisará ensinar seu irmão, dizendo-lhe: 'Procura conhecer o Senhor!' Do menor ao maior, todos me conhecerão — oráculo do Senhor. Já terei perdoado suas culpas, de seu pecado nunca mais me lembrarei" (Jr 31,34). Trata-se da mesma realidade anunciada em 1Jo 4, onde se explica claramente que não se pode amar a Deus a não ser no fundamento de sermos amados por ele.

O DISCERNIMENTO COMO ACOLHIDA DA SALVAÇÃO PARA MIM

Portanto, o discernimento é a arte da vida espiritual, na qual eu compreendo como Deus se comunica comigo, como Deus — o que dá no mesmo — me salva, como age em mim a redenção em Jesus Cristo, que o Espírito Santo faz salvação para mim. O discernimento é aquela arte em que experimento a livre adesão a um Deus que livremente se entregou nas minhas mãos por meio de Jesus Cristo; portanto, uma arte na qual as realidades em mim, na criação, nas pessoas ao meu redor, na minha história pessoal e na história mais geral deixam de ser mudas para começar a comunicar-me o amor de Deus.[14] Não só isso. O

---

[14] Cf. EFRÉM SÍRIO. *Hino sobre a fé*, 31. Há tradução parcial em italiano in BROCK, S. *L'occhio luminoso*, cit., pp. 66-68.

discernimento é também a arte espiritual na qual consigo evitar o engano, a ilusão, e decifro e leio as realidades de modo verdadeiro, superando as miragens que elas possam apresentar para mim. O discernimento é a arte de falar com Deus, não falar com as tentações, nem com aquelas sobre Deus.

PARA EVITAR ILUSÕES SOBRE O AMOR

O discernimento é expressão de uma inteligência contemplativa, é uma arte que pressupõe o saber contemplar, ver a Deus. Ora, Deus é o amor e nós sabemos que o amor se realiza à maneira de Cristo e do Espírito Santo, que são ambos reveladores do Pai. Portanto, o amor tem sempre uma dimensão pascal e uma pentecostal, uma dimensão do sacrifício, da oblação — como o é a relação entre o Pai e o Filho que representa o lado trágico do amor —, e uma dimensão da superação da morte e da tragédia, do cumprimento do amor sacrifical, isto é, a ressurreição, a vida incorruptível, a festa porque o amor foi correspondido e, portanto, se vive a plenitude da adesão — dimensão representada pelo Espírito Santo, o Consolador, Amor do amor, alegria hipostática do Pai para com o Filho e do Filho para com o Pai.[15] Mas não é fácil compreender nem aceitar o amor que se realiza de modo pascal e pentecostal, isto é, à maneira do sacrifício e da ressurreição. De fato, também historicamente, a obra do amor de Deus realizada em Cristo foi compreendida e aceita depois do Pentecostes somente graças ao Espírito Santo. E é exatamente a inteligência que penetra essas realidades que chamamos "contemplativa", isto é, uma inteligência que colabora sinergicamente com o Espírito Santo. O homem se servirá da sua inteligência de maneira mais completa e total somente quando todas as suas capacidades cognoscitivas convergirem para um intelecto iluminado, aberto e guiado pelo Espírito Santo. O homem contemplativo é

---

[15] Cf. Bulgakov, S. *El Paraclito*, cit., pp. 143-146.

aquele que olha por meio da sua inteligência com o olho luminoso do Espírito Santo. Somente assim se chega a ver que a vontade de Deus coincide com seu amor e que tal amor se realiza na Páscoa. O homem faz de tudo para evitar a via Pascal, mas toda tentativa desse tipo, antes ou depois, se lhe apresenta como uma ilusão que torna árido o seu coração e esvazia a sua existência dos verdadeiros sabores da vida. Por isso, convém escolher a via do discernimento, que é a via contemplativa e sapiencial. O homem sabe que tudo aquilo que é belo, bom, nobre e justo se realiza em meio a dificuldades, obstáculos e resistências para assumir a dimensão da Páscoa. A via do Espírito nunca passa da Quinta-feira Santa ao domingo, saltando a sexta-feira e o sábado. Mas, para compreender isso, é preciso uma verdadeira contemplação e uma grande arte de discernir.

Às vezes, para evitar o caminho da verdadeira fé — portanto, o caminho do amor a Deus, o caminho da verdadeira conversão — o homem propõe para si altos ideais, projetos mais que evangélicos, a imitação dos maiores santos, para depois rejeitar, amargurado, cansado e desiludido, não somente os ideais propostos, mas também a fé, ou tornar-se fechado, endurecido, severo com todos aqueles que não fazem como ele. O discernimento nos protege dos mais variados desvios, seja dos fundamentalismos como dos fanatismos, exatamente porque nos faz perceber que mais importante do que aquilo que possamos decidir é que façamos as coisas na livre adesão a Deus, sintonizando-nos com a sua vontade. E como a vontade é o amor, é difícil realizá-la afirmando a nossa, embora com santos rótulos. Muitas pessoas decidem, por exemplo, viver uma pobreza radical, talvez mais do que são Francisco, mas nada acontece. De fato, não é importante o radicalismo em si, mas se este é uma resposta ao amor de Deus. As coisas espiritualmente significativas na Igreja nunca acontecem porque alguém decidiu fazê-las, mas porque Deus encontra alguém disponível a acolhê-lo de maneira tão radical que ele pode se manifestar e cumprir a sua redenção.

PARA DESCOBRIR A VOCAÇÃO

A pessoa humana é criada por meio da participação do amor de Deus Pai.[16] O Espírito Santo faz com que esse amor habite no homem imprimindo nele a imagem do Filho. Os santos padres dizem, de fato, que somos criados "no Filho".[17] A criação do homem é, portanto, a participação do amor de Deus.[18] Ora, a redenção também é ação do mesmo amor. Ela habilita o homem à plena realização do amor de Deus na forma de Cristo, até atingir a plenitude da filiação que se realiza em comunhão com os irmãos, entre pessoas que vivem a relação de irmãos e irmãs porque filhos e filhas que, em Cristo, retornam ao Pai. É sobre esse pano de fundo da criação e da redenção que se compreende a vocação.[19]

O ser humano existe porque Deus lhe dirigiu a palavra, chamou-o à existência, chamando-o a ser seu interlocutor. A vocação é a palavra que Deus dirige ao homem e que o faz existir imprimindo nele a marca dialogal. Pode-se quase dizer, com Nikolaj Berdjaev,[20] que a vocação precede a própria pessoa. O homem pode compreender sua vida como o tempo que lhe é dado para esse diálogo com Deus. Se o homem é criado pela conversação com Deus, e é assim aquele que é chamado a falar, a se expressar, a se comunicar, a responder, o tempo que tem à disposição pode ser compreendido como o tempo para a realização da sua vocação.

Ora, em que consiste a vocação do homem? Ainda em 1Cor 13, Paulo observa com clara evidência que qualquer coisa que o homem faça fora do amor não ajuda em nada, ou melhor, o

---

[16] Cf. CLÉMENT, O. *Alle fonti con i Padri*. Roma, 1987. pp. 75-90.

[17] A esse respeito, cf. as abundantes referências patrísticas in LOT-BORODINE, M. *Perchè l'uome diventi dio*. Magnano, 1999.

[18] Cf. *Dire l'uomo*, I, cit., pp. 71-109.

[19] Cf. BULGAKOV, S. *Svet nevecernij*. Moskva, 1917. pp. 178-182.

[20] BERDJAEV, N. *De l'esclavage et de la liberté de l'homme*. Paris, 1946. pp. 20-25.

esvazia, o dispersa. Podem ser feitos até sacrifícios heróicos, inauditos, ter fé a ponto de transportar montanhas, mas fora do amor para nada servem. Isso significa que a vocação do homem é exatamente a vida no amor, naquele amor com que foi criado e do qual se tornou novamente capaz por meio da redenção. Por isso, a vocação é a plena realização do homem no amor e, portanto, dentro do princípio dialógico no qual foi criado, com Deus como primeiro interlocutor.

O discernimento define-se, portanto, como a arte por meio da qual o homem compreende a palavra que lhe foi dirigida e, nessa palavra, abre-se o caminho que deve percorrer para responder à Palavra.[21] O discernimento ajuda o homem a santificar o tempo que Deus lhe pôs à disposição para cumprir sua vocação, que é o amor e, portanto, para se realizar em Cristo, plena realização do amor na sua Páscoa. A vocação não é, então, um fato automático, mas um processo de amadurecimento das relações, a partir daquela fundante com Deus. É, assim, um progressivo ver a si mesmo e a história com os olhos de Deus, um ver como Deus se realiza em mim e nos outros e como eu posso me dispor a essa obra de maneira a fazer parte da humanidade que Cristo assume, e por meio da qual assume também a criação, para entregar tudo ao Pai.

NA IGREJA, NA ESTEIRA DA TRADIÇÃO

Nesse diálogo com Deus, nessa conversação com seu Criador e Redentor, o ser humano não está só, mas já o precede uma longa memória da sabedoria sobre como é possível se expor ao amor para não cair na armadilha de querer servir ao amor afirmando a si mesmo. A sabedoria é a tradição da Igreja, um tecido vivo, um organismo que faz viver a revelação da palavra de Deus não somente como Escritura, mas também como a sua multiforme interpretação e inculturação nas vidas dos cristãos

---

[21] Cf. BASÍLIO. *Hexaemeron* 9,2.

de muitas gerações que nos precederam, memória de santidade à qual se tem acesso por meio de uma iniciação espiritual.[22]

A vida espiritual se aprende de modo sapiencial, isto é, com as pessoas, evitando o risco da ideologia, das teorias, e emergindo um pensamento nascido da vida e uma vida iluminada por um intelecto guiado pelo Espírito Santo.[23] Para a memória são importantes as imagens, as figuras, os sabores, os gostos, todas as realidades concretas, como o Rosto, que se encontram na comunhão com os santos. Por outro lado, o cristão não existe senão na Igreja, pois, se crer significa amar, a verdadeira realização da fé é a comunidade e sua verdadeira expressão é a arte das relações livres, espirituais. O cristão inserido numa comunidade participa da vida da Igreja e ouve os pastores, os primeiros pais na fé. Na escuta e em união com eles, participando da vida de caridade, o cristão converge para a liturgia, na qual se comunica realmente com o amor de Deus Pai, com a redenção em Cristo e com a ação do Espírito Santo que torna presentes e pessoais todas essas santas realidades. É dentro desse âmbito que se reconhece também se o discernimento realizado é verdadeiro ou falso, pois todo verdadeiro discernimento faz convergir para a celebração de Cristo na Igreja. A Igreja realiza na sua tradição, na liturgia e no seu magistério, o discernimento a respeito de Cristo, da salvação que continua a jorrar do coração de Deus para todos os homens de todos os tempos. O discernimento pessoal faz com que esta se torne verdadeiramente realidade vivida pela pessoa concreta, nas situações concretas. A pessoa acolhe a salvação responsável e livremente, e adere a Cristo, seu Salvador e seu Senhor, por meio de opções e atitudes, passos concretos que permeiam toda a pessoa, também sua mentalidade, sua cultura, tecendo sua história com o tecido da Igreja, não como soma dos indivíduos com suas histórias, mas como organismo vivo comunitário, exatamente porque se acolheu a salvação.

---

[22] Cf. *Dire l'uomo*, I. cit., pp. 169-173.

[23] Cf. BULGAKOV, S. *L'orthodoxie*. Lausanne, 1980. pp. 17-41.

2
O que é o discernimento

COM QUE SE CONHECE

Entre Deus e o homem há uma relação real e, por isso, uma verdadeira comunicação. Mas de que modo Deus fala com o homem? Por meio dos pensamentos e sentimentos do próprio homem. Deus não age no homem como um ser estranho, introduzindo nele realidades que não lhe são próprias. Porque Deus é amor e porque o homem participa desse amor no Espírito Santo, é o Espírito que age como a realidade mais íntima do homem. Ou melhor, no homem o Espírito Santo age por meio do amor como sua mais autêntica identidade. A ação do Espírito Santo, exatamente por ser por meio do amor, é percebida pelo homem como sua própria verdade. Por isso, os pensamentos inspirados pelo Espírito ou os sentimentos por ele inflamados movem o homem rumo à sua realização. Para uma maior compreensão, relembremos alguns dados da antropologia teológica sobre a capacidade cognoscitiva do homem.[1] A realidade mais essencial e fundamental do homem é o amor de Deus que o criou e que nele habita. A presença desse amor é garantida pela própria pessoa do Espírito Santo. É nesse amor que se enxerta o intelecto com todas as suas dimensões, pelas quais a inteligência última e mais alta age e se realiza, que é aquela do próprio amor, do ágape. De fato, o amor não somente é inteligível, mas é inteligência. O intelecto se situa no amor e é o amor que lhe dá vitalidade. É o intelecto entendido como capacidade de uma leitura interior que inclui o raciocínio como

---

[1] Quanto à relação entre o intelecto e o amor, cf. *Dire l'uomo* I, cit., pp. 143ss.

capacidade analítica, a intuição como capacidade de penetração e de olhar sintético, o sentimento como capacidade de garantir ao intelecto a dimensão relacional, o afeto, a vontade, seja na sua dimensão axiológica, seja na sua dimensão motriz, e até a sensorialidade. Todas essas dimensões cognoscitivas já foram percebidas desde a antigüidade pré-cristã. Os cristãos viram desde o início a utilidade de tais dimensões do aparato cognoscitivo para a vida espiritual. Na tradição, o intelecto, o *noûs*,[2] sempre teve essa gama múltipla de registros — desde a parte mais sensível até aquela que vinha identificada com o espírito, isto é, com a real capacidade de abertura a Deus, o ágape. Essa integralidade era identificada na tradição com o "coração". "Coração" como homem íntegro, articulado, não quebrado nem seccionado.[3]

DEUS FALA POR MEIO DOS PENSAMENTOS E DOS SENTIMENTOS

Quando se diz que Deus fala por meio dos pensamentos e dos sentimentos da pessoa, significa também que há pensamentos e sentimentos por meio dos quais Deus não fala, que podem até fazer com que nos extraviemos, nos confundamos ou nos iludamos. Os pensamentos e sentimentos, de fato, podem provir do mundo, do ambiente, de nós mesmos, do demônio, como também do Espírito Santo.

Por que é assim tão importante observar quais sentimentos acompanham certos pensamentos, ou de quais sentimentos nascem determinados pensamentos? Porque podemos ter pensamentos diferentes, todos bons, mas não podemos seguir todos eles. O problema não é somente ter pensamentos evangélicos, mas saber a qual deles dedicar a vida, qual deles seguir.[4] De

---

[2] Cf. o verbete *Noûs* in *Dictionnaire de Spiritualité*. Vol. XI. Paris, 1982, pp. 459-469.

[3] Cf. ŠPIDLÍK, T. Il cuore nella spiritualità dell'oriente cristiano. In: —. *Lezioni sulla divinoumanità*. Roma, 1995, pp. 83-98.

[4] Cf. FRANK, S. L. La realtà e l'uomo. Metafisica dell'essere umano. In: MODESTO, P. (org.). *Il pensiero religioso russo. Da Tolstoj a Lossky*. Milano, 1977. pp. 262-277.

fato, os pensamentos, por um lado, compõem a mentalidade de fundo que cria a orientação da pessoa — e então se trata de ter pensamentos próprios bons, certos, para ter o olhar sadio, espiritual, como pano de fundo para orientar a vida toda —, mas, por outro, compõem também as visões que são o motivo das opções e das escolhas orientadoras da vida, como também das pequenas escolhas do dia-a-dia. Trata-se, portanto, de diversos níveis, horizontes, pesos. Alguns pensamentos, se seguidos, excluem por si mesmos outras possibilidades. Então, é preciso estar seguro não somente de que o pensamento seja bom, mas que seja para a vida, para *mim*, para *a minha vida*. É o que foi mencionado anteriormente, lembrando que o Espírito Santo é o personalizador da salvação, aquele que faz com que a pessoa perceba que a salvação está presente nela e que é para ela. Ora, o homem pode compreender qual é esse pensamento espiritual experimentando a sua integralidade, isto é, quanto esse pensamento envolve também o sentimento, de modo a permanecer com os outros, orientados para o amor, para o bem, isto é, para a verdade, vencendo as resistências do pecado que se expressa e é incentivado por outros pensamentos e sentimentos. A interação entre o pensamento e o sentimento é importante, porque permite ver o estado de adesão pessoal a Deus ou às realidades que me iludem e de fato me afastam de Deus. O sentimento trai, isto é, revela minha adesão ou não-adesão e suas motivações. Por exemplo, um pensamento é bom e de conteúdo evangélico, mas o sentimento é negativo. Nasce, assim, imediatamente a pergunta: o que é que está resistindo a tal pensamento, isto é, onde esse pensamento atinge na pessoa um ponto que provoca sentimentos negativos? Mais: o sentimento é negativo porque toda a pessoa está orientada nesse sentido, ou é o próprio pensamento, por um processo de purificação, que está fazendo brotar tudo aquilo que existe de negativo na pessoa, sem que isso signifique sua adesão pessoal ao mal? De fato, a realidade é muito complexa.

Os pensamentos podem ser também muito abstratos e não ter nenhuma relação com a vivência. Os sentimentos, porém, revelam mais facilmente a concretude da pessoa, também da sua memória, e nos levam a ler mais facilmente até os pensamentos. Além disso, os pensamentos que de alguma maneira são também condicionados pela cultura não estão separados dos sentimentos, porque por meio da memória cultural se vivem tantos apegos. Deus, porém, fala sempre para a pessoa concreta e, portanto, por meio de todas essas realidades.

O DISCERNIMENTO COMO ATITUDE

A interação entre pensamento e sentimento consegue assumir o processo do discernimento; é uma espécie de papel de tornassol, porque mostra a orientação do homem. De fato, é a orientação concreta da pessoa que determina como ela percebe os pensamentos que lhe vêm, como também é a causa de uma determinada orientação que nasce em determinados pensamentos.

A atenção para a interação entre pensamento e sentimento é importante também porque ajuda a identificar o gosto dos pensamentos e do próprio conhecimento: todos os grandes mestres espirituais falam do gosto, do sabor do conhecimento e é exatamente esse o ponto de chegada do discernimento. Trata-se de chegar a identificar gostos que acompanham um conhecimento espiritual e, em seguida, exercitar-se em construir uma memória constante de tais sabores e gostos espirituais. E quando se adquire uma certeza do gosto de Deus e dos pensamentos que dele provêm e a ele levam, chegamos a uma atitude de discernimento.

Todos os exercícios de discernimento têm a finalidade de adquirir uma atitude constante de discernimento. E há grande diferença entre o discernimento como exercício espiritual dentro da oração e a atitude de discernimento adquirida como *habitus*, como comportamento constante, como disposição

2. O que é o discernimento

orante para a qual todos os exercícios da oração conduzem.[5] A atitude do discernimento é um estado de atenção constante a Deus, ao Espírito, é uma certeza experiencial de que Deus fala, se comunica, e que a minha atenção a ele já é minha conversão radical. É um estilo de vida que permeia tudo aquilo que sou e faço. A atitude de discernimento é viver constantemente uma relação aberta, é uma certeza de que aquilo que conta é fixar o olhar no Senhor e que eu não posso fechar o processo do meu raciocínio sem a possibilidade objetiva de que o Senhor possa se fazer ouvir — exatamente porque é livre — e que, assim, me faça mudar. A atitude de discernimento é aquela que impede a obstinação: não posso me fechar, sempre pretendendo ter razão, porque não sou eu o meu epicentro, mas o Senhor, que reconheço como a fonte da qual tudo provém e para a qual tudo conflui. A atitude do discernimento é, portanto, uma expressão orante da fé, enquanto a pessoa permanece nessa atitude de fundo de reconhecimento radical da objetividade de Deus Pai, Filho e Espírito Santo, Pessoas livres, que a fé constitui.

O discernimento não é, portanto, um cálculo, uma lógica dedutiva, uma técnica de engenharia pela qual faço habilmente o balanço de meios e fins, nem uma discussão, uma busca da maioria, mas uma oração, a ascese constante da renúncia ao próprio querer, ao próprio pensamento, elaborando-o como se dependesse totalmente de mim, mas deixando-o totalmente livre. Uma atitude assim é impossível quando não se é raptado por uma onda de amor, pois para fazer isso é preciso uma humildade radical. De fato, o sentimento que mais garante o processo do discernimento é a humildade. Mas humildade, nós o sabemos bem, é como a liberdade: encontrar-se somente no amor é uma dimensão constante do amor, e não existe fora dele, do mesmo modo que o amor sem humildade não é mais amor.

---

[5] Cf. RUPNIK, M. I. Paralelismos entre el discernimiento según san Ignacio y el discernimiento según algunos autores de la Filocalia. In: *Las fuentes de los ejercicios espirituales de san Ignacio*. Simposio Internacional Loyola, 15-19 de setembro de 1997. Bilbao. 1998. pp. 241-280.

Toda sabedoria espiritual, portanto, não o é sem a experiência do amor de Deus. Os exercícios de discernimento levam a pessoa a essa experiência fundante do amor de Deus que pode, em seguida, tornar-se uma atitude constante, orante, de discernimento, adquirindo a humildade que é, sobretudo, docilidade, isto é, a atitude do deixar-se dizer.

DUAS ETAPAS DO DISCERNIMENTO

Os mestres distinguem duas etapas do discernimento: uma primeira, purificadora, que converge para um autêntico conhecimento de si em Deus e de Deus na própria história, na própria vida, e uma segunda, na qual o discernimento se torna *habitus*.

A experiência de Deus mais autêntica, que não deixa dúvidas, ambigüidades ou ilusões, é o perdão dos pecados. Somente Deus perdoa os pecados. Somente a reconciliação consegue regenerar o homem a ponto de fazê-lo um "homem novo". Por isso, a primeira fase do discernimento move a pessoa para um conhecimento cada vez mais radical de si e de Deus. Esse conhecimento, por si, leva o ser humano, inevitavelmente, a se reconhecer como pecador. E o conhecimento de Deus se traduz em conhecimento de si como pecador perdoado. A experiência do inferno do pecado, do caminho sem saída representado pela estrada do pecado, o encontro com a morte como prêmio do pecado, é dimensão autêntica da experiência de Deus como misericórdia, como amor absoluto, perdão gratuito, regeneração, ressurreição, nova criação. A experiência do perdão, experiência íntegra e total do Deus Amor, torna-se aquele gosto fundante sobre o qual se baseará a capacidade de discernir. A memória se torna, então, praticamente o caminho privilegiado da vida espiritual. O homem progride lembrando-se daquilo que é chamado a ser. A memória é a capacidade de desenvolver com cuidado e atenção para aprender a discernir e adquirir uma atitude constante de discernimento. Não se trata de simples recordações ou de saudade, mas da memória de Deus, da sua ação. É, portanto, uma memória teúrgica, uma memória na qual é o próprio Deus quem age. De fato, essa memória se baseia na liturgia, ou seja, é memória litúrgica, em que a memória se torna a eterna *anamnesis* de Deus na qual conseguimos ver as coisas e a história assim como Deus as lembra. Não se trata, portanto, de lembrar-se dos próprios pecados, dos próprios defeitos, nem das próprias faltas, mas de como o Senhor se lembra em seu amor dessas minhas realidades. De fato, o perdão acontece dentro de uma liturgia e a memória começa na liturgia e cresce graças a ela, por meio da eterna *anamnesis*, na qual toda a vida do cristão conflui no Espírito Santo.

O discernimento que leva a esse evento fundante se baseia na integralidade cognoscitiva do homem, para poder seguir a inspiração e a iluminação do Espírito Santo, até chegar a se ver com os olhos de Deus e não permanecer sozinho com as considerações sobre o próprio pecado. Em geral, o homem experimenta o reconhecimento dos próprios limites, erros e até pecados, sabe como agir, o que fazer, mas não o faz. Ao contrário, se consegue alguma coisa, a situação freqüentemente se agrava, pois seu olhar se ensoberbece e a desintegração interior aumenta. Trata-se não de se conhecer sozinho, mas de adquirir, por meio do discernimento, a atitude fundamental do diálogo, da abertura, do se descobrir dentro de uma relação cuidada, de não se encontrar sozinho com o pecado, de não prometer, pela enésima vez, melhoras que, sozinho e além do mais não-salvo, não é capaz de conseguir.

Uma outra pessoa também não pode substituir a Deus em níveis tão profundos de relacionalidade. Ninguém pode curar um pecador a não ser Cristo médico, e ninguém pode consolar um pecador aflito a não ser o Espírito, o Consolador. Por meio do discernimento, o ser humano chega ao limiar daquela relação fundante, vivificadora, que Deus tem com ele desde o momento da sua criação e que, agora, revive na redenção, na reconciliação, descobrindo a si mesmo como uma nova criação.

NÓS NÃO FAZEMOS O DISCERNIMENTO SOZINHOS

É interessante que os antigos mestres espirituais não escreviam regras para o discernimento, porque o consideravam possível somente dentro do discipulado ou da paternidade espiritual. E um dos objetivos da paternidade espiritual era exatamente ensinar o discernimento. Isso significa que para aprender a discernir é preciso, antes de tudo, aprender uma relação, entrar numa relação sadia. Também no Ocidente, santo Inácio de Loyola, por exemplo, que elabora regras muito precisas sobre o discernimento, mostra que tais regras são, sobretudo, para quem orienta os exercícios, para poder reconhecer melhor os movimentos daquele que os está fazendo. Ele também considera que as regras precisas que elaborou podem ser usadas somente dentro de um colóquio espiritual e, portanto, dentro de uma relação espiritual. Isso indica que toda a nossa tradição espiritual valoriza o discernimento, mas também percebe seus riscos de desvios espirituais, se não for exercido da maneira certa.

Em Cassiano, vemos que o discernimento é a virtude que faz com que toda e qualquer outra virtude se torne tal. Sem o discernimento, até as realidades mais santas podem ser ilusão e engano, até mesmo a caridade. E Inácio de Loyola também fala da *charitas* discreta, isto é, da caridade com discernimento. Se o discernimento é tão importante, há algum motivo pelo qual os santos padres o preservavam dentro de uma pedagogia interpessoal. E o motivo provavelmente está no fato de que o discernimento, apesar de manter essa abertura fundamental do homem, conduz a uma grande certeza pessoal. Então, corre-se o risco de uma espécie de auto-suficiência na compreensão do que e como se deveria ser e do que se deveria fazer. Mais ainda: a partir do momento que vivemos dentro de uma cultura fortemente tecnológica, racionalista, habituada a organizar e ordenar — e, portanto, a dominar —, há o risco de que as regras do discernimento sejam tomadas como uma técnica, uma espécie de método para "entender" Deus, decifrar a sua vontade, abrindo, assim, de alguma maneira, a possibilidade da ilusão de possuí-lo.

É claro que o colóquio espiritual deve ser entendido no seu sentido autêntico. Não significa abertura a um amigo qualquer, mas a uma pessoa que entende de vida espiritual, que tem experiência nela e, por isso, é capaz de olhar-nos com o olho espiritual, vendo como a salvação age em nós, como a nossa vida pode se abrir a ela e, por sua vez, transmitir a salvação aos outros, realizando-se assim no amor.[6]

DOIS EXEMPLOS ANTIGOS DE DISCERNIMENTO

Uma maneira simples de verificar o nexo entre um pensamento e o resto das capacidades cognoscitivas do homem é a repetição. A repetição ajuda a ver a real relação entre um pensamento e a verdade do homem concreto e, em seguida, o alcance de um pensamento para a vida autêntica de uma determinada pessoa. Exatamente neste ponto podemos compreender por que a repetição representava um dos mais antigos métodos de discernimento. É um modo de fazer que vamos encontrar freqüentemente na Bíblia, como também na liturgia. O homem moderno sente uma certa alergia à repetição, mas os antigos a apreciavam muitíssimo. No que consiste a repetição como caminho para o discernimento? Uma pessoa, quando repete freqüentemente o mesmo pensamento, começa a perceber dentro de si uma reação: ou começa a sentir prazer e ele esquenta cada vez mais o coração e desencadeia a criatividade, ou se torna para ela cada vez mais incômodo, estranho, a ponto, inclusive, de lhe causar aborrecimento. A pessoa consegue acolher e integrar tudo aquilo que é verdadeiro e que, portanto, provém da vida verdadeira. Mesmo que se trate de algo dramático, provoca nela até mesmo uma percepção de beleza. Enquanto tudo aquilo que simula a verdade, que finge ser, mas de fato não o é, pode até fascinar, atrair no começo, mas após algumas repetições começa

---

[6] Cf. RUPNIK, M. I. *Nel fuoco del roveto ardente*. Roma, 1996. pp. 107-111.

a enfraquecer e, no final, até causa incômodo, provoca mal-estar. Se alguém, por exemplo, escreve uma página de diário, pode perceber que é muito rica e bonita. Mas a verdade dessa página aparecerá se, após algumas semanas, a pessoa a ler todos os dias, várias vezes, riscando com a caneta as palavras que não percebe mais como autênticas e procurando substituí-las por outras. Sabe-se lá como ficará essa página após algumas semanas...

Uma outra maneira que os antigos usavam para provar o pensamento é baseada na convicção de que o pensamento a ser evitado é aquele que vem de fora e que o homem aceita porque exerce um grande fascínio sensorial e afetivo sobre ele, e este acaba considerando-o prioritário; ou porque se apresenta com tanta veemência e pressão que, impulsionados pela pressa, escolhemos tal pensamento por ser o mais urgente para nós. Os antigos monges aconselhavam que se fizessem perguntas ao pensamento, como: "De onde você vem? Vem do meu coração, onde habita o Senhor e, portanto, é um dos nossos, ou vem de fora e alguém o trouxe? Quem o trouxe? O que você quer?". Ao fazermos essas perguntas, logo percebemos como o pensamento começa a reagir.

Aconselhavam, também, que se fizessem outras perguntas: "Por que tanta pressa? Agora não tenho tempo para me preocupar com você". Ou: "Você me obriga a me apressar, a dar imediatamente este passo, mas os santos me disseram que tanto o Espírito Santo quanto o diabo querem que eu me torne santo, só que o diabo quer que eu me torne logo". Ao discípulo que perguntava o que é o pecado, um mestre espiritual respondia: a pressa. Somos, portanto, convidados por essas "estratégias" a fazer o pensamento perceber que não lhe damos muita atenção, colocando a própria atenção em alguma palavra de Deus, em alguma memória de Deus, ou simplesmente continuando aquilo que estamos fazendo. E por meio dessa atenção à interioridade e com um certo desinteresse por aquilo que me assalta, começo a notar que esse pensamento não provém de dentro, que é estra-

2. O que é o discernimento

nho e vem de forma despersonalizadora, moralista, do tipo "você deve", "não é certo", é preciso reagir", "é preciso se defender" etc. O modo forte com que tais pensamentos se impõem sob rótulos espirituais, religiosos, morais, éticos coloca o ser humano numa situação tal que o faz se esquecer de que é livre. Pensamentos desse tipo tolhem a liberdade do homem, tornam-no obcecado pelas relações, pelos rostos das pessoas, aterrorizam-no com o senso do dever, da urgência, até torná-lo desenganchado do amor e fazer com que se esqueça da livre adesão. O pensamento que me impede de aderir livremente e de manter a viva consciência das relações é um pensamento estranho. O Espírito Santo não usa o imperativo "você deve". No trecho do Evangelho que apresenta em toda a sua grandeza o discurso mais "programático" — o sermão da montanha — Cristo fala dos "felizes": o Evangelho é uma revelação, feliz quem a ele adere. A Mãe de Deus, na hora da anunciação, também não respondeu "sim, eu devo ser Mãe de Deus, senão o mundo não será salvo".

Quando não se dá atenção ao pensamento, se ele for suscitado pelo Espírito, ele retornará, porque o Senhor é humilde, está à nossa porta e bate. Se o pensamento for do tentador, ofender-se-á, porque sua lógica é a do princípio auto-afirmativo e não suporta não ser levado em conta. Portanto, se não dermos atenção a um pensamento inspirado pelo tentador, esse pensamento enfraquecerá. O cristão, porém, deve estar preparado para um outro ataque, mais sutil. Quando um pensamento urge sobre a pessoa e ela resiste, preservando um certo recolhimento no coração, guardando a memória de Deus, da salvação já experimentada, guardando a fidelidade à própria função, à vida cotidiana, o pensamento se transforma num outro pensamento mais de acordo com a pessoa, com sua mentalidade, com seu caráter, com as experiências já vividas. Isso torna o discernimento muito mais difícil. Trata-se de um fenômeno típico da segunda fase do discernimento e, portanto, será tratado mais amplamente na segunda parte. Isso não acontece com freqüência aos principiantes, que são tentados de modo mais rústico, ou com pensamentos bonitos, que se apresentam com muita evidência, muita urgência, ou que ainda sofrem abertamente a tentação do pecado, do vício. Mas, tanto num como noutro caso, não é preciso dar atenção ao pensamento, não é preciso ter pressa. Ao contrário, na tradição espiritual se aconselha até mesmo zombar dele. Quando nos aflige seja uma preocupação, seja um julgamento negativo sobre o outro, uma resposta violenta para dar a alguém, a preocupação com o que os outros podem pensar, é bom se colocar diante do espelho e dar uma boa gargalhada diante desses pensamentos, consciente de que nada de grave acontecerá na nossa vida se zombarmos deles; mas se lhes dermos atenção, logo chegaremos ao pecado ou, ao menos, desaparecerá a paz do coração, porque estaremos nos ocupando de coisas que, por si, não têm nenhum peso e até não existem a menos que comecemos a levá-las em consideração, dando-lhes vida com a nossa atenção.

Poder-se-ia perguntar se isso não está em contradição com a afirmação de Jesus em Mc 7,15ss, sobre o mal que provém do coração do homem: "O que sai da pessoa é que a torna impura. Pois é de dentro, do coração humano, que saem as más intenções: imoralidade sexual, roubos, homicídios, adultérios, ambições desmedidas, perversidades; fraude, devassidão, inveja, calúnia, orgulho e insensatez. Todas essas coisas saem de dentro, e são elas que tornam alguém impuro". Em primeiro lugar, é preciso lembrar que o contexto desta discussão é relativo aos alimentos puros ou impuros. Cristo mostra que não é o comer um alimento impuro que torna o homem impuro, mas é do seu coração que provém a impureza. Os santos padres sempre entenderam este trecho no sentido de que a tentação chega até o homem de fora, mas como o coração é o órgão da decisão, da opção e, portanto, da adesão, é nele que o homem torna suas certas realidades. Quando o coração adere à tentação, portanto ao pecado, começa a preservar uma memória do pecado. Então as imagens, as lembranças, as impressões, as sensações e os pensamentos de pecado se apresentam ao coração como próprios dele. E a luta se desloca para dentro do homem. O homem, porém, que acolhe a redenção e adere a ela renunciando ao pecado, acolhe a ação do Espírito Santo e oferece no seu coração toda atenção e espaço à imagem de Deus que nele ficou sepultada sob o pecado. Agora essa imagem de Deus se revela como verdadeira ação de Deus e, na sinergia entre homem e Espírito Santo, torna-se semelhança com Deus. Esse coração é o paraíso na terra, o "resto" do Éden, a morada de Deus, o templo do Espírito Santo. Então fica claro que também as imagens, as impressões pecaminosas que despertam dentro do homem e habitam sua consciência, embora percebidas como algo interno, de fato pertencem ao homem velho, o homem de carne que o homem espiritual percebe como estranho, como aquele que o impede de ser livre e de viver os frutos do Espírito.

3
As dinâmicas da primeira fase do discernimento[1]

PARA SE LIBERTAR DA MENTALIDADE DO PECADO

A primeira fase do discernimento é a fase purificadora. E como a purificação leva ao conhecimento, é uma fase de conhecimento de si e de Deus. Esse conhecimento, para ser verdadeiramente realista — isso já foi mencionado —, é encontrado no perdão e, portanto, na salvação que Deus realiza no homem. O pecado se realiza dentro do amor, porque somente nele é possível a experiência da liberdade, e, portanto, também da não-adesão.[2] O pecado significa compreender a si mesmo fora do amor, ter uma visão de si desvinculado dos outros, em que o mais radical reconhecimento de si não consiste em estar voltado para os outros, mas em projetar o futuro na ótica de si mesmo e em ver também os outros nessa perspectiva, até compreendê-los em função de si mesmo. O pecado corta as relações e, depois, as torna presentes outra vez de maneira pervertida. Por exemplo, se antes do pecado a terra era vista pelo homem como âmbito do encontro com seu Criador, após o peca-

---

[1] As páginas seguintes são a elaboração de uma longa reflexão com base nos textos de santo Inácio (sobretudo as regras para a primeira semana dos *Exercícios*, a *Autobiografia* e algumas cartas do *Epistolário*) e de autores principalmente filocálicos (como o *Discurso ascético dividido em cem capítulos práticos de ciência e discernimento espiritual*, de Diádoco de Fótica; *Paráfrases de Simeão Metafrasto*, de Macário Egípcio; o *Discurso utilíssimo sobre o Abade Filemon*; as *Conferências*, de Cassiano; e as *Centúrias sobre a caridade*, de são Máximo Confessor) e na experiência de vinte e cinco anos de exercícios espirituais dirigidos.

[2] Cf. *Dire l'uomo*, I, cit., pp. 179-225.

do é percebida por ele somente em função de si, de como pode estar a seu serviço: o homem a domina com um princípio autoafirmativo, até impelir a criação a serviço do egoísmo, como faz com todo o resto. O mais grave é que o homem vê assim também a Deus. O pecado torna o ego inflado, enquanto apresenta tudo o que existe como um possível capital para garantir o eu que, desprendido das relações, percebe toda a sua fragilidade existencial e sua condenação a morrer e, por isso, deve se servir de tudo para nutrir sua ilusão de poder garantir a própria vida. Todavia, é uma ilusão, porque a única coisa que dá vida ao homem é o sacrifício do egoísmo, a morte para o princípio autoafirmativo a fim de entrar na órbita do amor, a única realidade que permanece e que, portanto, possui a vida eterna. O pecado é capaz de convencer o homem porque lhe dá também uma mentalidade de pecado. Ora, a mentalidade de pecado não é necessariamente uma mentalidade antiDeus, embora seja, necessariamente, uma mentalidade antiamor, isto é, uma mentalidade que convence o homem de que não é conveniente amar, que insinua a desconfiança no sacrifício amoroso, que o enche de medo diante da morte para si mesmo, sugerindo-lhe a fraqueza e a insuficiência dos argumentos do amor, até bloqueá-lo antes do sacrifício. Se o amor se realiza somente à maneira de Cristo, isto é, da Páscoa, do sacrifício e da ressurreição, o pecado é exatamente o esvaziamento da lógica pascal e, portanto, o esvaziamento da obra de Cristo. Isto é, o pecado consegue convencer o homem de que a obra de Cristo, a sua Páscoa, não é um argumento suficiente para a minha Páscoa. De fato, esse é um ataque contra o Espírito Santo, pois sua obra é a personalização do evento de Cristo em todos os batizados. É o Espírito que faz da salvação a minha salvação, de Cristo o meu Senhor. O pecado consegue fazer com que o homem veja o Espírito Santo como uma ilusão e procure sozinho o necessário para a sua salvação. O maior engano do pecado é exatamente convencer o homem de que basta saber o que deve fazer para se salvar para que isso aconteça. Desprendendo-se da relação, na indiferença ao amor do Espírito que o habita, o homem pensa ser capaz de amar a Deus e de fazer como acha que deve fazer. Mas só pode agir assim porque uma dimensão constitutiva do amor é a liberdade: o amor de Deus habita dentro da pessoa, sem que ela seja obrigada a viver segundo o bem. E é exatamente nessa liberdade experimentada como elemento constitutivo do amor que o homem pode se desprender do amor e projetar um amor presumido, no qual acreditará que está amando porque age segundo certos preceitos e mandamentos que se prefixou num esquema de valores religiosos que, de fato, substituem o Deus vivo, o Deus dos rostos, o Deus do amor.

PARA ALÉM DE UMA REFINADA TENTAÇÃO

A via purificadora é, portanto, cheia de enganos, de ilusões. O homem será continuamente tentado a confessar pecados, episódios, costumes, erros, pensando que com isso está se realizando a purificação. Geralmente, reconhecemos essa ilusão dos propósitos feitos. Confessamos um pecado, talvez até muito comovidos sentimentalmente, e logo em seguida estabelecemos o firme propósito de agir contra esse pecado ou repará-lo. Todavia, precisamos ficar atentos, para ver se se trata de um propósito ou de um modo oculto de tentar merecer o perdão, a salvação. Não só isso. Poderia ser um modo refinado de afirmar a nós mesmos, a própria vontade, o próprio ego, seguindo um propósito religioso, até evangélico, heróico, mas que somos sempre nós que o propomos e o impomos. Na realidade, não chegamos a um maior conhecimento de Deus, porque não esquentamos o coração para ele; e sentimos desprazer, porque não é como deveria ser. Ficamos preocupados em projetar como nos tornarmos aquilo que deveríamos ser, sem que desperte aquele amor louco por Deus, aquele entusiasmo que é chamado de zelo e que não é uma paixão profunda por alguma idéia ou coisa, mas pelo rosto do Senhor. Não há um coração contrito, partido em lágrimas que expressem o envolvimento na paixão de Cristo, preço da nossa salvação.[3]

O discernimento da primeira fase consiste, então, em saber escolher os pensamentos que levam a um radical reconhecimento de Deus, a ceder diante dele, a admitir que escolhemos a nós mesmos em vez de Deus, a reconhecer que o verdadeiro epicentro era o nosso eu e não Deus. A primeira fase do discernimento, de fato, reparte os pensamentos em dois epicentros: eu ou Deus. Trata-se do conhecimento de si mais profundo, como reconheço a mim mesmo no mais profundo da orientação que consigo vislumbrar: se me percebo como eu que pensa, programa, age e subscreve a vida sozinho, ou se me reconheço como uma pessoa de relações, de laços, que vê a si mesma com os outros, sobretudo na orientação radical da relação que dá a vida, que é o reconhecimento de Deus em Jesus Cristo. O discernimento da primeira fase nos leva a uma experiência sapiencial de radicalismo evangélico: Cristo ou eu. Na realidade, não é assim que se apresenta a questão espiritual, porque esse antagonismo é exatamente a conseqüência do pecado original. Aqui se considera o "eu" como o sujeito auto-afirmativo centralizador de tudo, no sentido da carne de são Paulo. O "eu" se sente realizado quando é o epicentro de tudo aquilo que existe, isto é, da criação e das relações. O engano está exatamente aí, porque isso significa ligar as coisas e as relações a um centro que não é vital, que não é a fonte. Entretanto, se o homem escolher a Cristo, tudo lhe lembrará Cristo e o levará a ele e o encontrará em todas as coisas. Se escolher a si mesmo, dispersar-se-á nas coisas com que deverá se salvar, esquecendo-se de si mesmo por essas coisas que se tornarão o seu sepulcro.

Então, o discernimento significa descobrir, por meio dos próprios pensamentos e sentimentos, movimentos do Espírito Santo até chegar a admitir o pecado, não somente seus derivados.

---

[3] Cf. RUPNIK, M. I. *Gli si gettò al collo*. Roma, 1997. pp. 43-45.

3. As dinâmicas da primeira fase do discernimento

Mas o discernimento é, ao mesmo tempo, uma arte para evitar as armadilhas propostas pelo espírito inimigo do homem, que gostaria que ele não chegasse ao verdadeiro conhecimento de Deus como amor, para que continue a permanecer sozinho, fundamentado em si mesmo, iludido de crer em Deus e segui-lo, quando, de fato, está seguindo a si mesmo, até mesmo sob pretexto religioso.

Podemos explicar a luta com um exemplo: alguém descobre que entraram cobras em seu quarto. Após tê-las matado, pensa que já está seguro e que sua única atenção deva agora se limitar a não deixar entrar outras. Confessa alguns pecados e pensa, então, que o importante agora é empenhar-se em não mais repeti-los. Mas de fato esqueceu que num canto escondido sob o armário ficou a mãe das cobras e que logo vai dar à luz novas cobras, desta vez não fora, mas dentro do quarto. O que significa isso: que enquanto a pessoa não chega a confessar o pecado, a vida espiritual não produzirá verdadeiros frutos. É preciso erradicar do homem o amor à própria vontade, que é a mãe de todos os pecados, e que se expressa com muito requinte para esconder o grotesco engano de pensar a si mesmo como Deus, de fundamentar a vida sobre ou em função de si mesmo.

COMO SE INICIA O DISCERNIMENTO

Muitas vezes se ouve dizer que o pensamento que traz a paz e que enche a pessoa de alegria é um pensamento espiritual. Contudo, alguém que conheça um pouco sobre discernimento sabe que a paz, por si só, ainda não significa nada. É preciso ver de que paz se trata, o que a provocou e, sobretudo, verificar os pensamentos que nela surgem, onde nos levam e para onde nos orientam.

O homem é muito sensível à serenidade, à alegria, a uma espécie de bem-estar interior. Talvez seja por isso que os grandes mestres comecem a delinear as regras do discernimento justamente distinguindo entre paz e paz, entre alegria e alegria. Em Inácio de Loyola, tanto nos *Exercícios* quanto nas cartas ou nos textos autobiográficos, as distinções entre dois tipos de alegria são bem explícitas.

A alegria "frizante"

A primeira é uma alegria que podemos definir como "frizante", uma alegria muito atraente, convincente, mas que é, por si só, exatamente um sentimento no qual a tentação semeia e na qual o Espírito Santo não age. Eis algumas características dessa alegria. Primeiramente, a partir de como a definimos, é como uma bebida frizante: quando você a verte no copo, faz muita espuma, rumor; depois, a espuma desce rapidamente e, se você não a beber logo, em pouco tempo deverá jogá-la fora. Isto é, trata-se de uma alegria que se apresenta de maneira forte, com emoções intensas, é barulhenta e de pouca duração. E, quando vai embora, deixa uma pitada de amargura, como uma champanhe que ficou no copo por muito tempo. Geralmente, se entende muito bem como começou, o que a provocou, isto é, sua origem pode ser identificada. Muitas vezes, está ligada a um lugar visitado, a um acontecimento de que se participou, a uma pessoa encontrada, a uma música ouvida, a uma imagem vista, a um sucesso alcançado, a uma comida saboreada, a uma festa de que se participou... Sua origem quase sempre é algo externo. É uma alegria que cresce rapidamente. É muito intensa e abarca a pessoa também no nível sensorial. Justamente porque é barulhenta, obriga à expressão, a rir alto quando não era o caso, a contar logo aquilo que se está sentindo. Há pessoas que voltam de alguma experiência desse tipo e começam a falar sem parar, de maneira evidentemente exagerada, impulsionadas por essa alegria que deve ser comunicada, gritada, falada de modo veemente. Muitos jovens já me disseram que experimentam esses estados de ânimo em suas festas. E é curioso que, apesar de tal impulso comunicativo, acabam se sentindo muito sozinhos; de fato, o outro serve

3. As dinâmicas da primeira fase do discernimento

unicamente como termo da nossa necessidade de falar. Essa alegria nos leva a pensar somente em nós mesmos; tanto isso é verdade que o outro é apenas um ouvinte passivo, sem que haja qualquer atenção a ele, sem uma real relação com ele, sem uma atitude de reconhecimento para com ele. De fato, não nos achegamos ao outro preocupados com ele, mas com aquilo que sentimos. Os padres espirituais, porém, advertem sempre sobre o risco de ficarmos demasiadamente concentrados em sentimentos, prazeres, alegrias que não provenham da oração. A concentração sobre esse nosso estado de bem-estar pode se tornar tal a ponto de começarmos a orar somente para ter esses efeitos, esquecendo-nos do Senhor, do mesmo modo que, quando sentimos essa alegria "frizante", estamos voltados para aquilo que sentimos sem levar em conta o outro com quem falamos.

É uma alegria que enche de entusiasmo irreal, abstrato. Presos a ela, pensamos poder fazer tudo, tornamo-nos presunçosos, vêm à nossa mente pensamentos falsos. De fato, freqüentemente encontramos pessoas que na vida erraram as escolhas de trabalho, de escola ou até de estado de vida ou de parceiro, porque fizeram suas escolhas num estado de ânimo dominado por essa alegria. Ela serve de pano de fundo para um mundo irreal, porque é o horizonte de uma compreensão irreal, pois leva a crer que podemos aquilo que na realidade não podemos. Nessa alegria não há o mínimo espaço para um olhar realista, uma lembrança das doenças, dos erros, dos fracassos, mas toda a vida é vista como uma esteira linear, progressiva, de tipo heróico. É uma alegria de breve duração, que passa rapidamente, muitas vezes de modo repentino, e quando vai embora, deixa dentro de nós um vazio que necessitamos preencher imediatamente, pois é um vazio desagradável. De fato, após ter sentido essa alegria, acabamos caindo em verdadeiros estados de tristeza.

Jovens me contaram centenas de vezes que após voltarem da discoteca se sentiam assim. Voltavam para casa, fechavam a porta, sentiam um vazio incrível e ficavam tristes. O mesmo pode acontecer também após um trabalho intenso, que causa grande satisfação. Depois de ter descansado de um trabalho assim, muitas vezes se aninha no homem estranha inquietação, um não saber o que fazer, a recriminação por talvez ter ido muito longe, por ter sido demasiadamente protagonista. São os típicos resíduos dessa alegria "frizante". Freqüentemente a pessoa começa até a se queixar de ter feito e dito assim, de ter gargalhado tanto, de ter-se deixado levar por tantas expressões eufóricas. De fato, quando se está nesse estado de alegria, não se tem medida, vê-se falsamente, exagera-se. E quando a alegria vai embora, começa a tristeza, uma surda reprovação, um vazio que problematiza os momentos da alegria vivida. Vem, então, uma espécie de vergonha por ter feito certas coisas, até que o vazio se torna insuportável e nasce a vontade de fazer alguma coisa, de tirar a atenção do mundo interior. Então, muitas vezes as pessoas ligam o rádio, a televisão, vão até à geladeira para pegar alguma coisa, ou até se deixam levar pela sensualidade. Muitos vícios e dificuldades têm raízes nesses momentos de vazio, porque, por meio de uma atividade freqüentemente sensual e sensorial, espera-se suscitar em si novamente um pouco do que se sentiu quando a alegria era intensa. Nesses momentos a pessoa sente a necessidade de sair, de dar uma volta, um telefonema, mas de fato nada a satisfaz verdadeiramente e sua única convicção é a de voltar aonde sentiu aquela alegria, repetir a mesma coisa, reencontrar a mesma companhia. Muitos jovens me disseram que começaram a viver uma certa euforia diante do pensamento de que no sábado sairiam de novo e sentiriam as mesmas experiências. Mas isso satisfaz somente algumas vezes mais. Acontece que a pessoa já não se satisfaz ao fazer as coisas da primeira vez, porque a alegria já não é mais tão intensa. Nasce, então, a necessidade de aumentar a excitação. O estímulo deve ser mais forte. Começa um desejo irrefreável do novo, do diferente, que leva a ousar sempre mais, a fim de conseguir um nível de excitação que satisfaça. Cria-se, então, uma atitude de dependência.

3. As dinâmicas da primeira fase do discernimento

Em nosso mundo, essa lógica está por trás de quase todos os fenômenos, desde as coisas aparentemente insignificantes e inofensivas até as verdadeiras depravações. Percebe-se, assim, que grande parte da problemática na nossa cultura seja, de fato, uma problemática espiritual. E, por isso, o cuidado e a prevenção de âmbito psicológico e sociológico, embora úteis, certamente não são suficientes, mas deveriam ser completados pela arte da luta espiritual. Se De Lubac defende que o problema dos maiores pensadores da época moderna não era simplesmente um problema filosófico, intelectual, mas espiritual, o mesmo se poderia dizer de muitos fenômenos hodiernos, que poderiam ser lidos como problemática da vida espiritual.

A *alegria silenciosa*

A outra alegria pode ser definida como silenciosa, humilde. Manifesta-se no homem como água que brota da terra. De repente, percebemos que estamos cheios de uma alegria; não conseguimos perceber bem os estágios de desenvolvimento, mas ela está aí. Pode acontecer de estarmos andando pela estrada e, de repente, notarmos que estamos serenos, os rostos que encontramos nos parecem bonitos, o caminho parece fácil e nenhum pensamento mau nos perturba a mente. Ao contrário, também nos percebemos melhores. Normalmente, não se vê claramente a origem dessa alegria, e é muito difícil ligá-la a algo externo, porque se entende que a alegria experimentada não depende do exterior. Essa alegria pode ter sido despertada por alguma causa externa, mas não depende dela, não é essa causa externa que no-la concede. Você sente que ela lhe pertence, que a traz consigo e que jorra num momento inesperado. De repente, aparece, mas não porque dependa de alguma coisa. Está dentro de você, e num determinado momento se dá a perceber.

É uma alegria bem comportada, pacífica, move-se com elegância, lentamente, com simplicidade. Uma característica inconfundível é que faz com que você se perceba todo luminoso, claro, belo; apaga as sombras e o mal, torna as coisas transparentes, faz com que você as veja não como possuídas e sem desejar possuí-las. É uma alegria que faz contemplar, que leva à contemplação. Nesse estado, a lembrança de Deus surge fácil. Quando somos contagiados por essa alegria, não nos importamos muito com as coisas que muito nos agradam, não queremos possuí-las para levá-las para casa, ligando-nos a elas. Também quanto às pessoas, essa alegria provoca a mesma atitude. Sentimo-nos em comunhão com todos.

Essa alegria não leva a pessoa a expressá-la imediatamente, como se a colocasse para fora. Ao contrário, como se dá a perceber em comunhão com os outros, muitas vezes não leva a falar, ao menos não a torna barulhenta, porque a pessoa percebe a comunicação como já acontecida, e nota que virá o momento no qual as coisas amadurecerão para serem ditas e confiadas aos outros com certa naturalidade.

O medo desaparece, os temores se afastam, as preocupações diminuem, embora estejam aí presentes. Quanto mais forte a alegria, menos se sente a necessidade de expressá-la. Talvez pareça uma contradição, mas é exatamente assim. Quanto mais alguém avança na vida espiritual, menos sente a necessidade de falar dela. É por isso que os principiantes falam muito de suas experiências, enquanto quem está mais avançado fala pouquíssimo, pois não tem necessidade disso; não porque seja fechado, mas porque não vê o que se deve dizer. Muitas vezes a pessoa, após uma experiência forte em algum retiro, alguma peregrinação, sente muita vontade de falar sobre o que sentiu, enquanto os mais avançados no caminho espiritual são de poucas palavras. Entretanto, se alguém pede, fala de si sem nenhuma dificuldade.

A pessoa que se comunica sob a influência dessa alegria, desse estado de ânimo, fala como se estivesse confiando algo de precioso, quase muda a voz, como acontece quando se reza seriamente e se adquire uma voz diferente, porque se está falando de algo muito precioso. Comunica-se com cuidado para não destruir nada, mas também para não invadir o outro, que está presente e ao qual se quer dar atenção.

É uma alegria que leva a um grande respeito pelo outro e também por si mesmo. Quando surgem esses momentos, os pensamentos que nascem são de grande respeito e impulsionam a pessoa a um otimismo muito realista: percebe-se que conseguirá, embora não seja fácil. Há realismo, mas otimista. Tem-se presente todas as dificuldades, mas há grande prontidão no agir. É uma alegria mais duradoura do que a outra: pode durar algumas horas, dias e até meses. Uma pessoa pode ficar meses e meses num estado muito pacífico e também bonito. Exerce bem o seu trabalho: as relações são normais, mesmo que no ano anterior talvez tenha brigado com todos. Pode-se ficar muito tempo sob essa influência, como sob a "coberta" do Espírito Santo. E quando essa alegria desaparece — às vezes pode desaparecer de repente, se a pessoa estiver passando por alguma situação violenta —, a pessoa não se sente sozinha, porque percebe que lhe pertence, apenas desapareceu, mas está dentro dela. É como a água do gêiser, que desaparece debaixo da terra para depois, repentinamente, reaparecer. Cedo ou tarde reaparecerá, já faz parte da pessoa. Essa certeza é muito bonita. Ou melhor, a convicção de que voltará é tão forte que pode ajudar a relembrar a alegria, ao menos até certo ponto. Às vezes, é suficiente uma boa lembrança e essa alegria se refaz novamente. Quando a pessoa consegue se lembrar bem de como estava, quais eram seus pensamentos, as atitudes, os lugares, muitas vezes a alegria se faz sentir novamente.

Os padres filocálicos chamavam isso de "sobriedade": estar sóbrio e vigilante, mantendo a atenção nas coisas verdadeiras, já saboreadas, e daí seguir em frente, procurando suas pegadas naquilo com que vai se deparando. Num certo sentido, essa alegria pode ser guardada. Não é preciso voltar a uma experiência precisa, em algum lugar especial, para senti-la. Você a traz consigo e lhe pertence.

Estas são algumas características dessa alegria, que é espiritual. Quando tais atitudes são experimentadas, o pensamento que daí nasce pode ser verdadeiramente espiritual, enquanto no estado de ânimo determinado pela outra alegria, os pensamentos que surgem certamente não são espirituais.

Essa alegria é o âmbito em que o Espírito mais nos fala.

Os grandes mestres espirituais começavam o discernimento exatamente mostrando a diferença entre sentimentos aparentemente semelhantes ou que podem até mesmo ser confundidos. Inácio de Loyola, por exemplo, experimentou essas coisas quando, após ter sido ferido durante o assédio de Pamplona, teve que suportar uma longa convalescença em casa. Começou sua descoberta do discernimento mostrando os dois tipos de alegria anteriormente descritos que, embora em outros termos, se encontram em toda a literatura inaciana. O próprio Inácio se descreve na *Autobiografia* como um "homem dedicado às vaidades do mundo". Obrigado a ficar na cama, lia os romances de cavalaria do seu tempo e orgulhava-se, imaginando-se nas vestes de um ou outro personagem, conquistando as mais belas mulheres de toda a Espanha, vencedor nas lutas que enfrentava a serviço delas. Mas quando acabou de ler todos os romances de cavalaria da casa, deram-lhe uma "vida de Cristo" e um livro sobre a história dos santos. Como não havia outra coisa para ler, Inácio teve que se contentar com isso. Como tinha o hábito de se sentir herói em tudo, ao ler as vidas dos santos, identificava-se com são Francisco, são Domingos; pensava que se são Francisco e são Domingos haviam agido daquela maneira, certamente ele também deveria fazer assim. Depois, ao refletir sobre tudo o que havia lido, pensando nos romances de cavalaria e nos santos, começou a notar duas alegrias diferentes: uma que, ao abandoná-lo, deixava-o árido e descontente; a outra que não só lhe dava consolação e ausência de euforia, mas ao abandoná-lo, deixava-o ainda contente e alegre. Maravilhado com essa diferença, começou a refletir e a conhecer a diversidade dos espíritos que se agitavam no seu interior, que mais tarde descobriu serem fruto de duas inspirações diferentes, uma do demônio e outra de Deus.

A REGRA FUNDAMENTAL

Analisemos, agora, a regra principal para o discernimento na primeira fase, a regra que nos orientará na direção certa de um contínuo aprofundamento da relação entre o homem e Deus. Esse processo, como já foi mencionado, concluir-se-á com um encontro real no perdão.

O discernimento se move na fronteira entre o psicológico e o espiritual: trata-se de entender dentro do meu mundo o que é de Deus, como ele comunica isso para mim. Assim o discernimento, de um lado, está numa esfera puramente psíquica — como observar os sentimentos, os pensamentos, as mudanças de estados de ânimo — e, do outro, abre essa realidade para a sua dimensão espiritual.

Essa primeira regra analisa o estado da paz. Em nível psicológico, experimentamos a paz quando os componentes racional e sentimental são orientados para o mesmo objeto. Quando, ao contrário, nossos sentimentos estão orientados para uma coisa e nosso raciocínio para outra, experimentamos inquietação, perturbação, desolação, abatimento e assim por diante. Isto é, nossa orientação não é mais íntegra, porque com o raciocínio e com o sentimento estamos voltados para dois objetos diferentes.

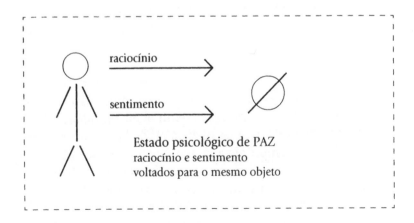

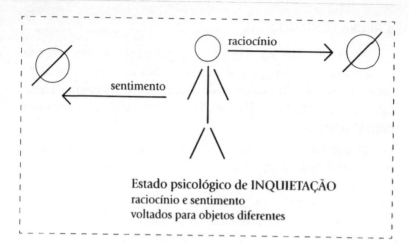

Nasce, então, a pergunta: como saber para onde estamos sendo orientados? Não basta termos paz para nos sentirmos seguros de estar voltados para o objeto certo? De fato, é fácil encontrar gente que, atenta a como se sente, experimenta a paz e daí deduz que o objeto para o qual está orientada vai bem. Mas psiquicamente não é assim tão imediata a distinção entre a paz que acompanha a pessoa orientada para a direção certa e a paz que acompanha a pessoa orientada para o objeto errado. E é justamente por isso que o discernimento é necessário e nada fácil.

Como surge rapidamente, não é tão importante concentrar-se em como e no que sente, mas é preciso ver de onde provém esse sentir e para onde leva, para onde impulsionam os pensamentos que daí derivam. Hoje, sob a grande influência da psicologia na formação espiritual, corremos o risco de assorear a arte do discernimento, pois evitamos o combate espiritual; assim que a pessoa começa a ficar mal, a não se sentir bem, logo aparecemos com diversos meios psicológicos para ajudá-la a sair fora, a se sentir melhor. Há sempre alguém que se preocupa em ajudá-la a não se sentir mal. Faz com que mude o ritmo de trabalho, o ambiente, as pessoas à volta etc. Isso, porém, significa zerar a possibilidade de uma leitura espiritual do dia, da história, da

3. As dinâmicas da primeira fase do discernimento

própria vida. É muito mais importante, em vez disso, começar a ver quais são os pensamentos que aparecem nesse estado de ânimo, para onde se orientam. Assim podemos descobrir, com grande surpresa, que certos estados de incômodo, de tristeza, de inquietação são provocados pela ação do Espírito Santo, como veremos mais à frente. Então, quando não aceitamos que a vida espiritual também pode ter momentos — às vezes prolongados — de mal-estar, a ação do Espírito Santo vai embora e Deus não nos pode dizer nada.

Como na primeira fase do discernimento os "objetos" para os quais estamos orientados são apenas dois — eu e Deus —, é muito fácil decifrar que tais objetos se revelam em determinados pensamentos surgidos de um estado de ânimo. A resposta será fácil se fizermos a seguinte pergunta: Com tais pensamentos e sentimentos vou em direção a Deus, para uma abertura mais madura, para um amor mais realista, ou me fecho cada vez mais em mim mesmo, garanto-me sempre mais, defendo-me sempre melhor e realizo-me segundo a minha vontade? Basta somente estarmos atentos para não nos deixar enganar pelas impressões imediatas. De fato, cada um percebe que no dia-a-dia há momentos em que fazemos as coisas de forma egoísta, preocupados com nós mesmos, e há momentos em que as fazemos com amor e por amor a Deus e aos outros. Não devemos nos deixar enganar por essas impressões e deduzir nossa orientação fundamental a partir de episódios, de gestos momentâneos, mas é preciso que fixemos firmemente o olhar sobre aquelas profundidades em que a pessoa se percebe numa única fonte sem ainda ter uma articulação múltipla, seja psicológica ou moral. A pessoa abraça a salvação, adere ao batismo, a Cristo, no mais profundo do seu ser, isto é, com todo o seu coração, mas é evidente que no dia-a-dia errará e continuará pecando. O seu estado é, porém, diferente de quando não adere a Deus em profundidade, mas permanece ancorada em si mesma, cheia de preocupações consigo mesma, e apenas superficialmente, no cotidiano, gostaria de agir segundo o homem novo. Não se pode colher uvas do espinheiro; e do homem velho não se pode esperar os frutos, as ações e a mentalidade do homem novo, se permanece o mesmo em seu coração.

A ação do espírito inimigo sobre a pessoa orientada para si mesma

Vamos procurar entender essa dinâmica com um exemplo: a pessoa que está voltada para si mesma em profundidade, isto é, que ainda procura a si mesma, nas ações cotidianas talvez se camufle por trás de gestos bonitos, religiosos, sacrossantos; entretanto, tais gestos não conseguem demover o seu apego fundamental à própria vontade. Nesse caso, o que tentará fazer o espírito inimigo da natureza humana, como o chama santo Inácio de Loyola? Procurará manter unidos raciocínio e sentimento. Com que finalidade? Para que a pessoa esteja bem numa certa paz e continue a caminhar na estrada errada. Nesse caso, o tentador age sobretudo no sentimento: alimenta-o por meio da sensualidade, de consolações e prazeres sensuais. Quando digo "sensuais", deve-se entender as inclinações baixas, pequenas, mesquinhas, isto é, por exemplo, a preocupação com como devo ser para que as pessoas me aceitem, para que eu seja aplaudido, tenha uma casa quentinha, cama macia, comida boa, sucesso, aplausos, saúde, um belo carro, poder etc. E sobretudo a garantia de não ter aborrecimentos, dificuldades, de estar bem.

O que o inimigo faz sobre o raciocínio enquanto nutre o sentimento? Encontra pontos de apoio para confirmar que se está no caminho certo. Os padres gregos tinham até uma palavra para descrever esse jogo: o assim chamado *dikáioma*, a tentativa de autojustificativa por meio de algumas palavras da Escritura, da regra, dos autores espirituais, a fim de dar-se a ilusão de estar no caminho certo. Por meio de sua ação sobre o raciocínio, o inimigo procura dar razão e confirmar aquilo que sentimentalmente faz sentir, isto é, dá motivações para um apego egoísta. E tais motivações dependem, muitas vezes, da cultura à qual o sujeito pertence, do seu caráter, da sua história pessoal. Trata-se de motivações difíceis de desmanchar, porque podem ter mil razões para justificar a atitude de fundo, escondendo o aspecto banal do prazer sensual.

O Espírito Santo na pessoa orientada para si mesma

E o Espírito Santo, o que faz quando a pessoa está orientada para si mesma? Procurará separar razão e sentimento, provocando, assim, inquietação, mal-estar. Com que finalidade? Para que o sujeito pare, reflita e oriente-se diferentemente. O Espírito Santo age sobretudo sobre o raciocínio, e quando o raciocínio começa a se distanciar da direção para a qual é endereçado e a se orientar para Deus, a pessoa começa a se sentir mal, porque seus componentes sentimental e racional não estão voltados para o mesmo objeto. Então fica claro que na vida espiritual são necessários os momentos de mal-estar, de estado de ânimo combativo, de luta. No caso da pessoa orientada para si mesma, o Espírito Santo não pode agir sobre o sentimento, porque ele está ocupado por prazeres sensuais. O Espírito Santo não pode agir, porque o sentimento não está aberto a nenhum atrativo. De fato, os sentimentos se inflam nos prazeres sensuais. Quando alguém está satisfeito em seus prazeres sensuais, não está disponível para analisar os prazeres espirituais. Sem esses movimentos de incômodo, não há nenhuma conversão. De fato, é evidente que ficamos mal ao termos que abandonar as próprias posições de prazer, os "canudinhos" de chupar. Quando o Espírito Santo sugere argumentos — dado que não pode alavancar sobre o sentimento — para dar a entender que estamos nos orientando para o próprio umbigo, então começamos a nos sentir mal, abatidos, perturbados, inquietos. Assim vemos com clareza quanto é delicado o trabalho pastoral se este quiser respeitar a natureza da vida espiritual. Às vezes queremos atingir as pessoas sob o ponto de vista sentimental, para atraí-las para a vida do Evangelho, não sabendo que essa pastoral dificilmente superará uma cultura de entretenimento, arriscando-nos a fazer uma pastoral de companhia para as pessoas, sem obter conversões reais, maduras, duradouras. Ou, por outro lado, nos arriscamos a reduzir a pastoral a um mero discurso sobre valores mais ou menos partilháveis com a sociedade civil. Passa-se, então, de um urgir sobre os sentimentos para uma pastoral desligada, racional, moralista. Se, porém, o sentimento estiver tomado por forte prazer sensual e a pessoa ainda estiver orientada racionalmente para a mesma atitude, será inútil dizer que, se aceitar a Cristo, terá paz, alegria, vida. É o mesmo que oferecer um cardápio a alguém que acabou de almoçar. A pessoa não está pronta para deixar nada, porque aquele prazer que sente é mesquinho, sim, mas existe. Talvez depois se encontrará aquilo que ele promete... Essa é a situação na qual o Espírito Santo age sobre o raciocínio, que pode mais facilmente ser atraído por um pensamento diferente, novo...

Se a lógica e o pensamento do Evangelho se apresentarem ao raciocínio, este poderá ser "tentado" a dar-lhes atenção. Logo que o raciocínio dá atenção ao pensamento inspirado no Evangelho, se lhe acendem rapidíssimos *flashes*, mas de impressionante clareza e lucidez, mostrando que esse é o caminho para a verdadeira vida, enquanto o seu não é o certo. Como se de modo profundo, mais intuitivo que raciocinado, compreendesse que o Evangelho é verdadeiro e que para ele é exatamente assim. Mas logo que o raciocínio se detém sobre o Evangelho com a intrínseca convicção, embora brevíssima, de que o Evangelho tem peso e é verdadeiro, o sentimento chora terrivelmente, irrompe num grito, espantado porque deverá deixar todos os apegos agradáveis que suga para si. E logo que a pessoa se sente mal, o raciocínio volta rapidamente para a orientação do sentimento, isto é, para a preocupação consigo mesmo. E a pessoa se "reencontra", fica novamente "bem".

Essa situação também é própria de certas abordagens pastorais, de certos retiros, de certas experiências espirituais: logo que a Palavra começa a incidir sobre a pessoa, espantados com

3. As dinâmicas da primeira fase do discernimento

o que está acontecendo com ela, deixam-na como estava, tocando adiante a sua vida. O Espírito Santo, porém, agindo sobre o raciocínio por meio desses breves *flashes* evidentes, continua provocando na pessoa um mal-estar, uma inquietação, como se mordesse a consciência com a clareza da razão. E se a pessoa, por mais algum tempo, continua se sentindo mal, então o sentimento também pode ser movido por um instante para o Evangelho que o raciocínio começou a levar em conta. Encontramo-nos, assim, numa nova situação: ao menos por breves instantes, o ser humano, seja racional seja sentimentalmente, é orientado para o Evangelho, para Deus. E como definimos a experiência de paz como essa íntegra orientação, a pessoa agora experimenta novamente a paz, mas uma paz diferente. E somente então pode perceber a diferença entre as duas pazes. Podemos ouvir a explicação dessa diferença mil vezes, mas não podemos entendê-la sem a experiência. A pessoa pode começar a fazer o discernimento quando experimenta a diferença que há entre estar contente e estar feliz, estar satisfeita e estar serena, estar excitada e estar alegre. A consolação provada pelo sentimento, quando, por um momento, adere à nova orientação e se encontra em sintonia com o novo pensamento, é muitas vezes a consolação de uma doce tristeza, uma tristeza muito diferente daquela que o sentimento provava pouco antes, quando estava abatido por ter que abandonar seus apegos. Agora na consolação a pessoa pode chegar às lágrimas e chorar por causa da vida errada, como também por causa da força envolvente do amor de Deus que veio até ela para salvá-la. É uma consolação íntima de um júbilo sentido entre lágrimas, soluços, comoção e alegria. Esses breves *flashes* podem se tornar, assim, o critério que ajuda a pessoa a perceber a nova paz e, por causa dela, começar a se destacar da anterior, agora compreendida e experimentada como falsa. Ter um sentimento espiritual de maneira incomparável enche o coração mais do que qualquer outra satisfação sensual e se torna a força na qual também a vontade encontrará apoio para uma adesão integral a Deus. O sentimento que começa a saborear a consolação de um amor real, que tem sabor totalmente novo, comove-se também por causa da dramaticidade do amor que Deus devia gastar para alcançar a pessoa. A paixão do Salvador se faz consolação da pessoa atingida por ele e se torna o apoio para uma adesão agradecida, mas livre. Sem isso, a adesão a Deus corre o risco de ser ideológica, não pessoal.

A ação do Espírito Santo na pessoa orientada para Deus

Tomemos, agora, a segunda regra de santo Inácio. Vamos imaginar uma pessoa que no seu íntimo esteja orientada para Deus. Vejamos, primeiramente, a ação do Espírito Santo, tendo em vista que a pessoa que estamos analisando está orientada para Deus; assim seguimos a dinâmica com que antes observamos a pessoa orientada para o pecado, e analisamos, antes de tudo, a ação do espírito inimigo, do tentador.

O que o Espírito Santo procurará fazer nessa pessoa? Manter raciocínio e sentimento orientados para Deus, a fim de que ela não mude em nada. Para isso, o Espírito Santo nutrirá o sentimento e cuidará dele, para que a pessoa tenha o alimento que a ajude a viver como fiel. Quando um cristão crê somente em nível ideal, acontece facilmente que tenha um pensamento muito elevado, estruturado e até profundo, mas sem sabor, separado do sentir do coração. Então a pessoa descobre em si uma espécie de dualismo: com a cabeça defende doutrinas às vezes até austeras, severas, mas com o sentimento ou os sentidos vive imersa na sensualidade do mundo. Quando uma pessoa está seriamente orientada para Deus, o Espírito Santo nutre o sentimento com a consolação espiritual. Essa consolação, diferentemente da consolação sensual, é como aquela segunda alegria descrita anteriormente, quando tudo parece bonito, quando a relação com o Senhor é fácil, quando as coisas não nos atraem por si mesmas, pela sua posse, mas porque nos lembram Deus e nos levam a louvá-lo, enchem-nos de gratidão. Trata-se de uma

3. As dinâmicas da primeira fase do discernimento

consolação não de solidão: estou bem, mas com toda a realidade, numa abertura ao Criador, na facilidade da ligação com ele. Essa consolação pode ser reconhecida porque não sou eu o centro, mas a presença do Outro, de Deus, que percebo numa relação real, numa pertença recíproca. É pacificar-se no próprio Criador. Nessa proximidade com o Senhor, o amor se inflama, sentimo-nos aliviados e atraídos pelas coisas que sabemos que não vão nos enganar, que permanecerão. Acrescenta-se a esperança e, embora se enxergue a própria fraqueza ou até o próprio pecado, a certeza da salvação é ainda mais forte. Ou melhor, a pessoa é capaz de chorar, de se comover profundamente por causa da salvação que nos foi dada por nosso Senhor.

Nessa situação de consolação espiritual, como o Espírito Santo age sobre o raciocínio? Do mesmo modo como age o inimigo da natureza humana sobre o homem voltado para si mesmo: procura dar razões para aquilo que estamos sentindo. Nesse sentido, são muito importantes a tradição, a Igreja, as vidas dos santos, porque é por meio dessas realidades que Deus age para reforçar a nossa mente, para que saibamos o que sentimos e por que o sentimos. Desse modo, então, raciocínio e sentimento aderem a uma mesma direção, rumo à mesma orientação, criando na pessoa uma integralidade.

O espírito inimigo na pessoa orientada para Deus

E como é que age o espírito inimigo na pessoa que está profundamente orientada para Deus? Procura separar o raciocínio do sentimento, de maneira a romper o equilíbrio da pessoa e a fazer com que o sentimento permaneça orientado para onde está, enquanto o raciocínio começa a se dirigir para outro lugar, de modo que a pessoa experimente a inquietação. O inimigo age sobretudo sobre o raciocínio, provocando falsos arrazoados, criando ou aumentando empecilhos, engrandecendo obstáculos e fadigas.

Como se reconhece um raciocínio falso? Porque sempre termina com a preocupação com o modo como *eu* vou ficar, o que *eu* vou fazer. A pessoa pode também meditar na Trindade, mas se nessa meditação se inserir um falso raciocínio, ela será levada a se preocupar consigo mesma, em como ficará, com o que as pessoas dirão, quantas coisas difíceis a esperam... Ou, se meditar a Sagrada Escritura, começarão a surgir raciocínios que levam ao descrédito da Palavra de Deus, à dúvida de que seja verdadeiramente autêntica, se se deve levá-la toda a sério etc. Normalmente o falso raciocínio é descoberto pelos medos que semeia na alma, medos que são marcados mais ou menos pelo temor daquilo que pode acontecer ao eu.

Em geral, a estratégia do inimigo é procurar chamar a atenção do raciocínio, oferecendo-lhe inicialmente uma ou duas perguntas, um ou dois pontos de novidade diferentes do pensamento espiritual anterior. Muitas vezes, acontece de ser até chocante, repentino, no sentido de que a pessoa se diz: "Olhe só, nunca pensei nisso. Eu era um iludido, não verifiquei todas as possibilidades", e assim por diante. Todavia, a tentação já se consumou, já que a mente já começou a se ocupar das coisas que a tentação provocou. Freqüentemente, esses primeiros impulsos podem vir de uma mente que, por um determinado tempo, fica vagando aqui e ali no vazio, entre lembranças, pessoas conhecidas, acontecimentos... Logo que o raciocínio começa a se ocupar desse pensamento que o inimigo provocou, a pessoa começa a sentir-se mal, torna-se inquieta, perturbada, e aquela consolação que preenchia o sentimento experimentando até o sabor espiritual do intelecto, do pensar espiritual, descompõe-se, retira-se. Nesse ponto, o inimigo procurará aumentar esse mal-estar, espantando ainda mais a pessoa ou tirando-lhe o sabor e o gosto das coisas, de modo que, habituada ao estado anterior de bem-estar espiritual, sofrerá ainda mais com esse vazio inquietador. De fato, a pessoa sentirá ainda mais a necessidade de consolação, de pacificação, de um estado novamente agradável. E então é dada ao inimigo a possibilidade de propor à dimensão sentimental uma consolação, porém sensual. E como a pessoa está muito mal, o pensamento afunda cada vez mais num terreno de areias movediças no turbilhão de medos, temores, fechado no isolamento do eu; pode ceder à tentação sensual e experimentá-la como consolação. A tentação desloca, por breves momentos, também a atenção sentimental sobre o falso arrazoado que o raciocínio está elaborando, de tal modo que a pessoa prova de novo uma certa pacificação, recomposta por um momento na unidade de orientação da qual provém a paz, só que na direção errada. De fato, a consolação é sensual e a orientação se volta mais uma vez para a procura de si mesmo.

A ORAÇÃO QUE CONDUZ AO DISCERNIMENTO

Toda oração é oração, se for oração, mas nem toda oração conduz ao discernimento. Para uma oração que nos ajude no discernimento, precisamos ficar atentos a fim de ter, no final da oração, uma certa evidência daquilo que nela aconteceu. Para preparar um discernimento é preciso, sobretudo, fazer o exame da oração. Os mestres do discernimento insistiam sempre para que esse exame fosse feito até por escrito. É desses exames da oração que se recolhe o "material" para o discernimento. Para a oração se aconselha um trecho bíblico ou um texto puramente espiritual ou uma imagem autenticamente espiritual. Depois, na hora da oração, pode-se fazer um longo percurso semelhante ao que será proposto aqui. Aproveitando algumas indicações de santo Inácio de Loyola, de Orígenes e de alguns padres filocálicos, proponho os seis pontos a seguir. Talvez pareçam, à primeira vista um tanto esquemáticos, mas na realidade correspondem à estrutura dialógica na qual se desenvolve todo encontro interpessoal.

1. Escolho o lugar da oração, a atitude física e a posição do corpo que assumirei durante esse tempo

É uma escolha importante, pois um lugar não fixo leva a muitas distrações. Mesmo que se esteja andando, é bom estabelecer um espaço determinado no qual se mover, porque toda novidade é uma tentação maior para a distração. A posição corpórea, por sua vez, também é importante, porque favorece o colóquio interior. Por um lado, como já dizia Orígenes em seu tratado sobre a oração, os gestos preparatórios (lavar-se, por exemplo) predispõem ao ato que se está por fazer, mostrando a importância daquilo para o qual nos preparamos e, sobretudo, envolvem o corpo e os sentidos na oração. Por outro lado, para nós, cristãos, o princípio vital é o Espírito Santo que habita no homem e o penetra com sua ação através do mundo espiritual, psíquico e até corpóreo. A tradição cristã ensina que, quando o Espírito está ativo e o homem trabalha espiritualmente, participam dessa atividade também a psique e o corpo. O mesmo acontece em nível psíquico. Quando uma pessoa acompanha uma competição esportiva da qual está participando alguém por quem torce particularmente, no momento da prova do seu favorito, a veremos mexer o corpo, mostrando com isso sua participação na atividade do outro. Esse movimento é instintivo, porque a atenção psicológica da pessoa é tão forte que a absorve integralmente. O corpo simplesmente participa dela, acompanha-a. Do mesmo modo, segundo são Teófanes Recluso, quando a oração interior é muito intensa, dela também participam de modo perceptível a psique e o corpo. Pode acontecer que a pessoa, encontrando-se algumas vezes numa oração autêntica, descubra que assumiu determinadas posições. Na outra vez que for rezar, escolherá já aquela posição corpórea que adquiriu espontaneamente quando a oração era particularmente forte. Assim, assumindo a posição que, pela experiência, se tornou propícia para rezar, a pessoa se recolhe em oração.

Entretanto, os padres filocálicos insistem que, por mais importante que seja, não se deve absolutizar a posição corpórea.

3. As dinâmicas da primeira fase do discernimento

Não devemos ser rígidos quanto a esse ponto, para não corrermos o risco de fazer da posição do corpo algo mais importante do que a própria oração: nesse caso, a oração poderia se tornar mais um exercício de vontade, de concentração, de resistência. É preciso ter sempre claro que a oração é participação na vida de Deus no Espírito Santo, é ter consciência da filiação divina no Filho. Então, o conselho é somente o de assumir as posições que facilitem, de fato, a atenção interior e evitar aquelas que cansem ou dêem sono. Para nós, cristãos, como já sublinhamos muitas vezes, o princípio vital é o Espírito Santo. É dele que vem a vida, o amor e a luz do conhecimento. Não é ao contrário, isto é, que por causa de uma posição física, da concentração psíquica, de pensamentos, palavras e nomes repetidos se possa conseguir sondar o abismo ontológico que nos separa de Deus e chegar à verdadeira oração.

2. *Para onde vou? O que quero e desejo nesse momento de oração?*

Quanto à primeira pergunta, a resposta é sempre a mesma: vou orar, vou ao meu coração para estar com o Senhor.

Quanto à segunda pergunta, eu aconselharia responder por escrito. Escolho um texto bíblico, um texto espiritual, uma imagem espiritual, uma exortação, uma homilia, aquilo que creio ser útil para a minha relação com Deus e para minha adesão maior à sua missão no mundo; em outras palavras, aquilo que é útil para a minha salvação. Os mestres nos aconselham a preparar o tema da oração no dia anterior ou ao menos algumas horas antes da oração. Inácio de Loyola sugere que se faça isso à noite, antes de dormir. Aquilo que consideramos importante a ponto de lhe dedicar uma hora de oração, o formulamos num único ponto e o expressamos de modo dialógico. Vamos dar um exemplo. Durante uma hora de oração, sirvo-me do trecho evangélico da cura do cego de Jericó. Depois de tê-lo lido, sinto-me tocado particularmente por ele, embora cego, pular em direção a Cristo que o chamava. Então escrevo: "Senhor, eu te peço, se quiseres e souberes que para mim é um bem, dá-me a graça de experimentar essa força de abandono, essa confiança que o cego tinha em ti". Essa formulação daquilo que se quer pedir na oração é importante: o homem é um ser do sentido, e é muito eficaz e íntegro quando conhece a finalidade e o sentido de cada ação que está para realizar. Concentrando-me naquilo que quero pedir, obtenho uma espécie de orientação de tudo aquilo que sou para essa oração e, por outro lado, tudo aquilo que sou começa a se dispor para acolher a luz, a iluminação e alguns dons relativos ao que estou para pedir.

3. A oração absoluta (de absolutus, não ligado)

Quanto ao que pedi no ponto anterior, agora rezo a Deus para que eu fique livre de tudo o que pedi. Somente Deus sabe do que preciso para relacionar-me mais integralmente com ele. Se o Senhor sabe que para a minha relação com ele é melhor que eu não saboreie a coisa desejada, então lhe peço para que não me deixe saboreá-la.

Lembremo-nos de que já antes os homens esperavam o Deus-Messias, determinando antecipadamente quando ele viria, como viria, o que faria... Ele veio, mas não como o esperavam, e então não o reconheceram e o rejeitaram. Orígenes recorda que a oração do cristão é a oração do Espírito Santo. O Espírito Santo é o verdadeiro orante em nós, e a maturidade da oração consiste em aderir àquilo que o Espírito, que está em nós, pede. Deus Pai ouve a oração do Espírito Santo, porque ele pede aquilo que é necessário para a nossa salvação. Por isso, para nós é um bem que o Pai ouça a oração do Espírito Santo e que nós aprendamos, pouco a pouco, a remeter a nossa oração à dele. Sobretudo para os principiantes é muito importante este terceiro ponto, porque nos alerta para não nos ligarmos aos efeitos da oração, mas para adquirirmos a atitude de não-ligação,

3. As dinâmicas da primeira fase do discernimento

de liberdade, de abertura, cônscios cada vez mais radicalmente de que o Senhor ouve a nossa oração, mas segundo a interpretação que o Espírito Santo dá a ela, e que nós não podemos controlar, dominar ou manipular a sua vinda, as modalidades da sua graça, nem os sentimentos, os estados de ânimo, os pensamentos que provoca. Deus é livre, e a oração nos ajuda a nos dispormos a um encontro com uma pessoa livre.

N.B. Por meio desses três primeiros pontos já se entra no diálogo com Deus. Instaura-se, assim, uma atitude relacional; nasce um colóquio que nos ajuda a assumir aquela atitude de reconhecimento radical de Deus como Pessoa livre que suscita também em nós a mesma liberdade própria de um amor humilde, que nada pretende.

Dedico não mais do que 15 minutos a esses três pontos.

4. O núcleo da oração

Verifico se o pensamento desceu até o coração. Faço isso procurando ouvir por um momento e com atenção o batimento do coração e lembrando-me do gosto de um encontro anterior com Deus, procurando colocar aí toda a minha atenção no Senhor. Retomo, assim, o fio de um conhecimento interior ligado a uma das orações anteriores mais "saboreadas". Ao mesmo tempo, peço o dom do Espírito Santo.

Pego os trechos escolhidos para a oração. Renovo em mim a consciência de que essa Palavra é cheia do Espírito Santo e começo a lê-la com uma atitude de respeito e simpatia profundos. Leio e releio o texto, até que minha atenção interior se detenha mais em certas palavras, tirando delas um certo gosto, um calor, ou até que perceba que algumas palavras comecem mais vivamente a se relacionar comigo. Ou, ainda, até que compreenda que algumas palavras são especialmente importantes para mim, para minha situação, para a nossa comunidade eclesial ou também para o momento atual.

Então, detenho-me e começo a repeti-las em voz baixa, com a atenção voltada ao coração e ao meu relacionamento com essa Palavra, que é uma Pessoa que está falando comigo. Desse modo, enquanto repito essas palavras sagradas por vários minutos, às vezes com os olhos fechados, não presto atenção tanto no significado delas, mas no fato *de quem são elas, do que estão cheias e aonde querem me levar*. Trata-se da Palavra de Deus que então suscita em mim uma veneração, um temor, um respeito. Como ensinava Orígenes, é uma palavra embebida do Espírito Santo. Quando ouço a Palavra, repito-a ou simplesmente fico atento a ela, é o Espírito Santo que age em mim. A relação que se instaura com a Palavra é realizada pelo Espírito Santo e está nele. É o Espírito Santo que me abre a essa atitude necessária para que a Palavra me diga alguma coisa. Como a Palavra é uma Pessoa viva, para conhecê-la não preciso agredi-la com minhas idéias, meus preconceitos, mas devo assumir a atitude humilde e acolhedora que predispõe o Outro a se revelar. Quando entre nós e a Palavra há uma relação como entre o Amante e a Amada do Cântico dos cânticos, então os mistérios se descerram.

De vez em quando (isto é, a cada cinco ou dez minutos), posso deter-me, por um momento, e observar o que essa palavra repetida está provocando em meu coração, que sentimento ela faz nascer e quais pensamentos a acompanham (posso também escrever num caderno, com uma única palavra, esse pensamento ou sentimento).

Posso, também, interromper a repetição da Palavra para dizer ao Senhor algumas reflexões minhas ou qual é o sentimento que estou vivendo naquele momento. O importante é que, durante todo o tempo, se preserve esta fórmula de falar, pensar, orar para um Tu, isto é, que se mantenha uma atitude de relação com Deus. Não preciso ter medo de contar — no início talvez até mesmo em voz baixa —, as minhas reflexões, perguntas, agradecimentos, súplicas ao Senhor, chamando-o pelo nome.

3. As dinâmicas da primeira fase do discernimento

Posso, também, retornar ao ponto formulado pela oração e, enquanto o releio, tentar vê-lo com uma das palavras lidas na Escritura. Procuro a relação existente entre o ponto formulado e a Palavra de Deus. E assim transformo o ponto em oração narrada ao Senhor.

A meta a ser alcançada neste quarto momento é deter no coração a Palavra e "domesticar" o próprio coração a ela. Por isso, é importante que quem reza entre cada vez mais integralmente na relação que a Palavra procura instaurar com ele. Assim nasce um diálogo, um falar com a Palavra.

N.B. As distrações e as tentações devem ser simplesmente incluídas na oração, contando-as ao Senhor. Não convém afastar tentações e distrações, não somente na oração, mas também na vida, porque a tentação normalmente age do mesmo modo que a carne: quanto mais pontapés você dá para afastá-las, mais elas atacam. A tentação se afasta quando não lhe damos atenção ou quando nos abrimos ao Senhor, pedindo-lhe que ouça esses nossos pensamentos, que venha em nosso socorro, que esteja ao nosso lado. E quando rezamos assim e contamos ao Senhor nossa tentação, percebemos que ela vai embora, que se enfraquece, se afasta, se esvai. Em todo caso, convém levar em conta certas tentações ou distrações particularmente fortes ou insistentes.

Este quarto ponto pode durar cerca de 45 minutos.

5. *O agradecimento*

Agradeço ao Senhor por essa hora e por tudo aquilo que aconteceu. Concluo a oração rezando um Pai-nosso, consciente de que são as mesmas palavras que o Senhor rezava.

Faço um breve colóquio com um santo, ou seja, dirijo-me a ele ou simplesmente me lembro dele.

É muito importante pensar que não estamos sozinhos nessa caminhada rumo ao Senhor ou que não somos os únicos que sofremos pelo caminho e que também não somos os melhores... Para nós, seres humanos, o consenso social em relação à própria mentalidade e ao próprio comportamento é de vital importância. De fato, como o homem é um ser relacional e social, cresce também por meio desse consenso. É uma regra que vale tanto em caso positivo quanto negativo. Um marido infiel procurará o consenso de outros maridos infiéis, porque assim se sente justificado. E será muito mais difícil encontrar-se na companhia de maridos fiéis. É o mesmo comportamento do estudante que não passa nos exames e volta para casa elencando para seu pai todos os seus amigos que, como ele, foram reprovados.

Desde o início, os cristãos perceberam que em cada ser humano vive todo o Adão natural, a totalidade de todos os membros do gênero humano. Baseados nessa unidade do gênero humano, podemos explicar por que todos nós pecamos em Adão e por que todos fomos redimidos no novo Adão. Essa solidariedade ontológica de todos é expressa pela Igreja, sinal e instrumento da unidade de todo o gênero humano, como o Concílio a define. Nela, a memória viva dos santos se une à percepção da participação deles na nossa vida. Remetendo-nos continuamente a eles, estamos sempre em "boa companhia". E assim também temos, sob o ponto de vista psicológico, um consenso relacional e social construtivo, positivo, capaz de nos fazer progredir verdadeiramente na caminhada rumo ao Senhor. A época moderna, com sua ênfase em tudo aquilo que pode ser reconduzido a uma verificação empírica, fez com que, de certa maneira, nos esquecêssemos dessa dimensão da comunhão dos santos, que juntamente à ligação com os mortos, faz realmente parte da mesma coisa: o sentido da participação na Igreja como convocação sincrônica dos salvos de todas as gerações, em que as relações subsistem além das censuras dos tempos. A fé revela com clareza que a morte não rompe as relações; ao contrário, a relação é até potencializada nos santos. Se um santo amou muito durante a sua vida, amará ainda mais ao viver glorificado em

Cristo e quando Cristo for glorificado nele. Assim, esse momento de oração nos ajuda a tomar consciência de que somos não metafórica, mas realmente, corpo do Cristo pneumático em que vivemos uma plenitude de relações com todos aqueles que dele participam, para nos dispormos a acolher a ajuda deles. Então, para a vida espiritual é importante ter ao menos um amigo entre os santos, que invocamos e por meio do qual crescemos nessa consciência. Os santos não são, portanto, simples modelos a serem imitados, coisa que facilmente cairia no moralismo e na despersonalização psicológica. Eles são, sobretudo, uma inspiração espiritual que chega até nós por meio de relações reais, por meio da Igreja, da liturgia... Nesse tecido eclesial, nessa amizade espiritual, podemos dar espaço e corpo à inspiração inicial, enquanto os santos intercedem por nós e de fato nos ajudam. Ter amigos entre os santos é importante também para sanar e nutrir uma imaginação espiritual, indispensável para uma criatividade espiritual.

6. O exame da oração

Este ponto é um dos mais importantes da oração que conduz ao discernimento e deve ser feito por escrito. O exame da oração já é um exercício de discernimento, pois a pessoa que reza já deve fazer a escolha daquilo que colocará neste ponto. É aqui que se recolhe o "material" para o verdadeiro discernimento. Antes se procura salvar aquilo que se acredita ter sido sugerido por Deus; depois se elencam as coisas cuja proveniência e fim talvez ainda não sejam conhecidos.

O exame da oração serve para que, de hora em hora, vejamos por meio de quais pensamentos o Espírito Santo fala ao coração e por meio de quais sentimentos Deus suscita seus pensamentos. A pessoa também percebe melhor onde opõe resistência, onde estão seus apegos, suas teimosias e seus deleites sensuais. Pelo exame se consegue também vislumbrar os possíveis enganos e, por isso, somos nós mesmos que, de hora em hora, de oração em oração, podemos melhorar a atitude e a estratégia da oração.

O exame da oração é importante para crescer na relação com o Senhor. Acontece facilmente de a oração se tornar um clichê, um hábito, caindo de um verdadeiro relacionamento para algo no qual se pensa estar com Deus, mas na realidade se está só com os próprios pensamentos. Contudo, se estivermos atentos ao que acontece em cada encontro, em cada oração, cresceremos na sabedoria, porque há um diálogo aberto, constante, em que a relação se constrói e continua de modo orgânico, autêntico e vivo. Se nos lembramos de alguma coisa de cada encontro com as pessoas, seria de fato um descuido absurdo não termos uma lembrança dos encontros com Deus. Na Bíblia, observamos exatamente essa memória dos encontros. A religião é, sobretudo, memória espiritual.

Para o exame escrito, podemos proceder da seguinte maneira:

PENSAMENTOS	SENTIMENTOS
A. *Nessa hora Deus queria me dizer...* e escrevo o pensamento que acho que Deus me disse.	*Suscitando em mim os seguintes sentimentos ...* e escrevo os sentimentos correspondentes. NB: pode ser também ao contrário; de um sentimento, de um estado de ânimo, são suscitados pensamentos.
B. *Além disso, nessa hora me vinham à mente os seguintes pensamentos...* e escrevo alguns deles, os mais importantes, os mais interessantes.	*Esses pensamentos suscitavam em mim os seguintes sentimentos...* e os escrevo na linha correspondente ao pensamento.
C. *Vinham à minha mente também as seguintes tentações e distrações...* e as escrevo. NB: para A, B, C é melhor escrever uma ou, no máximo, duas coisas.	*Que provocavam em mim os seguintes sentimentos...* e os escrevo...

3. As dinâmicas da primeira fase do discernimento

Como utilizar os exames da oração

Neste ponto, a pessoa leva em consideração as duas partes escritas, isto é, o pensamento e o correspondente estado de ânimo/sentimento e pondera se, seguindo tal pensamento e tal sentimento, se unirá mais a Deus, se tornará mais semelhante a ele, se abandonará mais a ele. Se a resposta for positiva, escreverá esses pensamentos numa folha nova, onde assinalará os pensamentos inspirados pelo Espírito Santo. Fará a mesma coisa com o sentimento, numa outra folha, onde anotará os sentimentos inspirados pelo Espírito Santo. Se os pensamentos e sentimentos não a ajudarem a confiar em Deus, mas a levarem a resistir e a bloquear-se em si mesma, transcreverá esse pensamento ou sentimento numa folha na qual anotará os pensamentos e sentimentos inspirados pelo inimigo, cada um na folha correspondente. É importante lembrar que as duplas de pensamento/sentimento escritas no exame de oração agora não podem ser transcritas separadamente em folhas diferentes.

Para maior clareza, vamos dar um exemplo.

Vamos supor que foi colocado por escrito o seguinte exame da oração: "Nesta hora, Deus quis me dizer que ele é santo e fiel, e isso provocou em mim um sentimento de incômodo, de medo". O pensamento evidentemente impulsiona para Deus e, portanto, o coloco na folha em que recolho os pensamentos sugeridos pelo Espírito Santo. O sentimento não me deixa seguir o pensamento e, portanto, o coloco na folha dos sentimentos inspirados pelo inimigo. De fato, é claro que a santidade e a fidelidade de Deus me espantam, porque talvez as perceba como exigência para que eu também mude e assim renuncie a alguma coisa e deva ser fiel àquilo que não me agrada. Todavia, para tirar as conclusões, é muito importante ver o que outros pensamentos, que assinalei no exame da oração, indicam, porque muitas vezes eles têm a ver com aquilo que identifiquei com o fruto mais espiritual dessa hora de oração. No exemplo dado, em algum pensamento posterior se poderia já vislumbrar as motivações do medo. De fato, se eu tiver dado atenção ao medo, dele terá nascido o pensamento que explicita o motivo desse medo ou do que é que eu tenho medo.

Deverão ser analisados, então, um bom número de exames de oração, escrevendo em quatro folhas: 1. os pensamentos reconhecidos como provocados pelo Espírito Santo, porque me impulsionam para Deus, para a minha purificação, para uma mais plena adesão a ele; 2. os sentimentos reconhecidos como provocados pelo Espírito Santo, porque favorecem e apóiam meus passos de confiança em Deus e de arrependimento purificador; 3. os pensamentos reconhecidos como inspirados pelo inimigo, porque me aconselham a não me abrir a Deus muito radicalmente, a me preocupar comigo mesmo; 4. os sentimentos reconhecidos como provocados pelo inimigo, porque conseguem manter-me ocupado comigo mesmo, atento a mim mesmo, e nutrem desconfiança para com Deus ou pessimismo para comigo mesmo.

Com esse material podemos chegar a ver com clareza como age em nós o Espírito Santo, quais são os pensamentos a serem seguidos, qual é o nosso raciocínio mais espiritual, quais são os pontos mais sensíveis do Espírito, quais estados de ânimo devem ser preservados e os que devem ser evitados, quais não devem ser acolhidos, aos quais não devemos dar atenção, quais pensamentos não devem ser levados a sério, porque inspirados pelo tentador, cujo conselho não me faz tomar o bom caminho da vida. Consegue-se, assim, recompor a "dupla" pensamento-sentimento. Fazendo uma síntese dos pensamentos que levam a Deus e uma dos sentimentos que favorecem a adesão a ele, enxergo os pensamentos e os sentimentos mais significativos para o crescimento espiritual. Desse modo, sabemos em que coisa devemos colocar a atenção, o peso. Fazemos o mesmo com os pensamentos e os sentimentos por meio dos quais o tentador age. Chegamos, assim, a um notável conhecimento de nós mesmos sob o aspecto espiritual. Conseguimos até mesmo ver quais tempos, ambientes, pessoas, relações, leituras, trabalhos nos são favoráveis para uma atitude mais espiritual e, portanto, para a nossa salvação, e quais estão mais facilmente sujeitos às tentações e devem ser evitados, porque apresentam reais riscos de pecado. É de notar logo que não se trata, em cada caso, de uma negação apriorista de certas realidades nossas ou de certas dimensões, porque chegamos a tais conclusões depois de nos abrir inteiramente, por meio de muitas orações ao Senhor. É então que chegamos a uma verdadeira sabedoria, que significa, ao mesmo tempo, a própria saúde do ser humano.

COMO INICIAR O PROCESSO DE DISCERNIMENTO

Para iniciar o processo espiritual de discernimento da primeira fase, é preciso entrar num ritmo regular de oração. Podemos dedicar alguns dias somente ao exercício espiritual, afastados do ambiente habitual de vida e de trabalho, ou podemos tomar a firme decisão de encontrar um tempo durante o dia para a oração prolongada, com o mínimo de uma hora, no modo descrito anteriormente. Em todo caso, o ideal seria alguns dias de exercícios espirituais com uma rica direção, sobretudo da sabedoria proveniente da tradição espiritual da Igreja. Quanto ao discernimento, são mais desejáveis as direções embebidas de sabedoria espiritual da tradição e atentas aos movimentos culturais, psicoespirituais do homem contemporâneo.

Começa-se com a Sagrada Escritura, com os temas fundamentais da nossa fé e com uma explicação prevalentemente racional da Palavra de Deus. Isso não significa uma exegese racionalista, acentuadamente filológica, nem submissão da Palavra à mentalidade de alguma escola filosófica. Explicação prevalentemente racional significa esclarecer o texto de tal forma que surja uma coerência racionalmente compreensível da dinâmica interna do trecho escolhido, que por sua vez se consegue colocar dentro da grande parábola da Bíblia, dentro da grande dinâmica racionalmente orgânica da revelação.[4] A Sagrada Escritura, enquanto Palavra de Deus, está impregnada do Espírito Santo, como o pão se

---

[4] Como possível exemplo, pode-se ver *Gli si gettò al collo*, cit.; *Cerco i miei fratelli*. Roma, 1997; *Gen 3-4 e la passione di Cristo*. In: *Dire l'uomo*, cit., I, pp. 227-271.

empapa de vinho quando nele é imerso. Como eu disse anteriormente, quando ouço a Palavra e a repito, o Espírito Santo age em mim e ilumina os momentos da minha vida e da minha pessoa. E como a explicação que me é oferecida — seja sob forma de exortação, seja como explicação do trecho bíblico — é acentuadamente racional, isso significa que na oração eu "ofereço" ao Espírito Santo um amplo raio de ação. Por que isso? Suponhamos que a pessoa esteja fundamentalmente orientada para si mesma. Nesse caso, recordamos que o Espírito Santo começa a agir sobretudo levando o raciocínio para pensamentos novos, evangélicos. Então, dando a quem medita um trecho da Sagrada Escritura com forte componente racional, ofereço alimento sobretudo ao raciocínio, a dimensão mais livre dessa pessoa, a menos possuída. De fato, por meio de sua atividade reflexiva, o raciocínio é aquele que está mais aberto à ação do Espírito Santo, se a pessoa ainda estiver fundamentalmente fechada na própria casca, na própria vontade, com apegos sentimentais ao próprio eu. Mas se o pensamento começar a perceber a proposta da Palavra de Deus que o Espírito ilumina com breves, lúcidos *flashes* de clara constatação de que é esse o caminho da verdadeira vida, surgirão na pessoa as primeiras inquietações, as primeiras perturbações, exatamente como descrevemos anteriormente. E assim entramos no processo de discernimento. É importante que a pessoa comece a anotar os movimentos que percebe, como foi sugerido no método da oração. Se, porém, a pessoa já estiver orientada para Cristo e não estiver mais à procura de afirmar a própria vontade, mas de seguir o caminho do Senhor, se a ela for oferecida uma página da Palavra de Deus com um comentário acentuadamente racional, não estaremos fazendo outra coisa senão lhe oferecendo o alimento preferido. E como o sentimento ainda está se nutrindo de uma consolação verdadeiramente espiritual, graças à Palavra de Deus o Espírito Santo age no raciocínio, reforçando o conhecimento espiritual, dando-lhe razões, diminuindo os obstáculos, encorajando. Nesse estilo, em nenhum caso se faz violência à pessoa, mas aproxima-se dela exatamente com aquilo

3. As dinâmicas da primeira fase do discernimento

que mais a ajuda. Somente depois de alguns dias de trabalho nesse estilo poderemos permitir uma explicação da Palavra ou da verdade espiritual que tenha, também, um componente do sentimento mais quente, mais imediato. Assim poderemos favorecer o momento final da purificação, o momento do arrependimento, do calor, que o homem percebe quando já sente sobre si o olhar de misericórdia infinita do Senhor. Esse modo de dedicar, de vez em quando, um tempo mais forte à oração ajuda muito também para a verificação geral do próprio estado de saúde espiritual. De fato, aqueles que se ocupam "profissionalmente" da vida espiritual e da oração podem cair na armadilha de se sentir já avançados, prontos, de já ter adquirido muitos conhecimentos. Então, quando se encontram diante de uma passagem bíblica explicada do modo indicado, podem reagir pensando que não há nada de novo e que já sabem tudo, o que revela que no seu âmago correm o risco de se voltar para o próprio umbigo, para uma vida vivida segundo a própria vontade. De fato, se estivessem orientados para o Senhor de maneira cristalina, reagiriam do mesmo modo que aqueles que, abertos fundamentalmente para a vida de Deus, se alegram com o alimento espiritual que encontraram. Com um exemplo banal, mas eloqüente, podemos mostrar o mesmo movimento num homem que ama uma mulher e alguém lhe diz que ela é bonita, ou uma série de outras coisas que para ele são absolutamente sabidas. Ele não vai dizer: "Isso eu já sei, nada de novo", exatamente porque sente uma confirmação que lhe dá satisfação. Mas sentir satisfação em tais afirmações depende da força da união, do amor, da simpatia, da unidade que ele tem com essa mulher. Muitas vezes, as pessoas que acreditam ser espirituais se traem por meio desse "esnobismo", que revela uma espécie de ciúme, de inveja, de competição, de medir-se com quem propõe uma exortação ou um texto espiritual. O ciúme que impede a satisfação por outro falar de Deus é um pecado das pessoas que se desvincularam do amor, que não mais se sentem envolvidas nele e que, portanto, não raciocinam mais com mente de amor. Senão o amor de Deus faria com que se alegrassem por outro falar bem de Deus, proclamá-lo, anunciá-lo.

Pela reação ao primeiro impacto dessa oração baseada na Palavra de Deus começamos a explicitar o que de fato procuramos na vida, o que nosso coração considera primordial e, portanto, qual é a nossa real orientação. Será muito difícil chegar a tais descobertas se começarmos com uma pregação sentimental, que provocará uma dialética pouco diferente daquela provocada por uma pregação racionalista abstrata, sem oração.

ATÉ O PERDÃO

Seguindo fielmente os pensamentos e os sentimentos espirituais

Encetando esse caminho, percebendo os primeiros movimentos interiores, começa o verdadeiro processo do discernimento que se volta para chegar a um encontro real e pessoal com Deus Pai. A pessoa, se fizer direito a oração e, sobretudo, o exame, chegará à evidência daquilo que lhe está acontecendo. Convém lembrar que não é tão importante que nos aconteça aquilo que queremos e que não devemos aderir com demasiado *pathos* àquilo que nos está acontecendo, mas faremos bem esse exercício se anotarmos numa folha de papel os pensamentos e os sentimentos significativos que se nos apresentam. Porque assim enriqueceremos o "material" que nos mostrará como o Espírito Santo age em nós e como age a tentação. Façamos tudo isso para acompanhar aqueles pensamentos e sentimentos por meio dos quais o Espírito Santo age e para não acompanhar os pensamentos e os sentimentos que estão mais submetidos às tentações e pelos quais o inimigo age mais facilmente. Trata-se de adquirir e de manter uma atitude de docilidade que de fato é uma dimensão de humildade autêntica. É preciso aceitar a luta espiritual e manter aquela atitude contemplativa caracterizada pela falta de protagonismo de quem prega e que é capaz de acolher e, portanto, de ter paciência. Pode acontecer que, após os primeiros movimentos espirituais, a oração se me apresente com a máxima dificuldade; sobretudo posso ter dificuldade em começá-la. Uma hora pode me parecer interminável. Pode acontecer de eu não conseguir ver o fim, e então me sinta tentado a diminuí-la, não começá-la ou adiá-la para depois. Ou o caminho pode parecer muito exigente. Virão à mente tantas pessoas na Igreja e no mundo que não são responsáveis e que, apesar disso, vivem bem. Então nos perguntaremos: por que devo eu levar as coisas tão a sério? Pensaremos que essa vida espiritual é muito complicada, muito exigente, que pode ser deixada de lado, que, no final das contas, já temos o suficiente e não precisamos de mais nada. Ou melhor, que agora devemos somente viver aquilo que já entendemos e ouvimos. Nesses momentos, somente uma autêntica atitude contemplativa, paciente e obediente pode nos levar a uma atitude correta, que não é apenas fazer o exercício, mas até mesmo reagir contra esse estado. Se reajimos contra e talvez prolongamos um pouco a oração, ou decidimos não fazer qualquer outra coisa que nos seja agradável aos sentidos, tomamos essa decisão sempre na forma dialógica da oração. Não precisamos reagir contra esses estágios de acídia, apoiando-nos somente na força da própria vontade ou na firmeza das próprias decisões, porque o inimigo espera exatamente isto: de fato, assim nos inserimos na esteira da afirmação da nossa vontade, contrária à salvação. O verdadeiro remédio é reagir, aumentando a relação com o Senhor.

Não se deter senão diante do Senhor crucificado

É preciso levar em conta que provavelmente surgirão também momentos difíceis, de desconforto, de secura espiritual, de desânimo, de dor, descobrindo erros, os erros e os pecados verdadeiros da vida passada. Não é muito agradável chegar a entender que lá no fundo procuramos fazer a nossa vontade, que usamos com elegância, com arrazoados muitas vezes camuflados por trás de motivações religiosas, a justificação de uma vida gerida por nós mesmos. Precisamos estar atentos para, no momento do desconforto, quando começarmos a perceber o pecado como uma realidade da própria vida, não cairmos na armadilha de imediatamente procurar consolação em alguma pessoa. É melhor permanecer nos próprios passos, sabendo que o verdadeiro consolador é o Paráclito, o Espírito Santo.

Exatamente porque procuramos assumir aquela atitude contemplativa na qual não somos protagonistas, mas procuramos colaborar com a ação do Espírito Santo, ao menos não colocar-lhe empecilhos, tomando consciência dos nossos pecados, começamos a vê-los em chave espiritual, isto é, como um estímulo para procurar o Senhor. Ao nos descobrirmos pecadores, aumenta a tristeza em nosso coração, a dor; talvez possa nascer também um certo desprezo por nós mesmos, um abatimento, mas ao mesmo tempo intuímos que esse tomar consciência dos pecados é a urgência em ver a face do Salvador. E o encontro com essa face não é solução fácil para a angústia pelo pecado, mas um gesto de amor no qual o próprio Deus se compromete. Nascem, então, também a tristeza e o pranto, ao vermos Cristo na paixão, e nossos pecados começam cada vez mais a coincidir com as suas feridas, não como percepção de uma culpa, mas como cura, como amor incompreensível na sua loucura que não apenas cura os nossos pecados, mas acende o amor com o seu amor, que sofreu as penas em meu lugar. Assim, de modo real, experimentamos que ele carregou sobre si as nossas dores, foi traspassado pelos nossos pecados e que por suas chagas fomos curados (cf. Is 53,4-5). O verdadeiro movimento espiritual leva a pessoa rumo ao Calvário, para encontrar o Crucificado nas próprias mãos, entregue a nós, pecadores, para nos atingir com o amor. Nós temos um falso medo de Deus, não confiamos nele e, conseqüentemente, não conseguimos entregar a nossa vida a ele. É ele, portanto, quem dá o primeiro passo, o primeiro a nos amar e nos doar-se, a fim de nos fazer ver que nos considera dignos da sua confiança. Somente quando a carne do homem velho morre na morte de Cristo, consegue o homem fazer um gesto de confiança no Senhor. É lá no Calvário que o homem experimenta, assim, a salvação.

3. As dinâmicas da primeira fase do discernimento

Outra armadilha muito freqüente, sobretudo hoje quando a psique das novas gerações atuais é frágil e incapaz de enfrentar a solidão, é que tão logo se me apresente um pecado, corro imediatamente a confessá-lo, pensando, assim, ter chegado à purificação. É claro que há pecados tão graves que revelam diretamente *o pecado*, isto é, aquela atitude que faz do homem o epicentro de tudo, o dono de tudo e de si mesmo, substituindo-se a Deus. Todavia, também é útil relembrar a tradição das Igrejas antigas que davam um determinado tempo ao penitente para se preparar para a reconciliação. De fato, é preciso que o penitente não seja a vítima da pressão psicológica de si mesmo, mas que também a sua psique, com todas as suas angústias e urgências, se abra para a dinâmica espiritual, de maneira que o sacramento da reconciliação não seja vivido principalmente como um efeito psicológico, mas como um ato de fé, da qual a psique também poderá ganhar bem-estar. Mas, como vimos, trata-se de seguir aqueles pensamentos que me levarão a admitir *o pecado*, a descobrir-me como pecador, porque de um modo ou de outro escolhi a mim mesmo como centro de tudo, de muitos modos: seja por meio da inteligência e do modo como raciocino; ou por meio dos sentimentos; ou por meio dos sentidos e de uma vida sensual; ou por meio de uma banal imposição da própria vontade, e assim por diante...

Esses enganos muito sutis vêm à luz sobretudo por meio das autopunições aparentemente reconfortantes que tentam a pessoa no processo da purificação. A pessoa começa a se dizer: "Sim, entendi, pequei, fiz isso e aquilo, mas porque eu não sabia verdadeiramente quem era Deus, como me salvou. Mas agora eu sei, agora entendo, de agora em diante não vou fazer mais assim. Ao contrário, Senhor, eu me arrependo e te prometo que farei esta e aquela penitência, este e aquele sacrifício, porque pequei. De agora em diante, Senhor, podes contar que vou fazer assim; ficarei atento a isto e aquilo", e assim por diante... É todo um arrazoado completamente fechado no eu. Por si, usa a forma dialógica, mas para tecer um monólogo. Não chega a aprofundar a verdadeira relação, não sai de si mesmo, mas continua agindo segundo a própria vontade, propondo sacrifícios, melhoras, missões, atos heróicos, obras sacrossantas, tudo sempre sugerido pelo eu.

As pessoas que acompanham o movimento espiritual correto e que não vêem o próprio pecado com os olhos, porque já o olharam e nada aconteceu, raciocinam cada vez menos no costumeiro modo de ver o próprio pecado, mas começam a vê-lo como Cristo o vê, como ele o assumiu. Começam a ver, então, como Cristo os redimiu. Entendem cada vez mais e constatam sempre com maior clareza que não têm nada a oferecer, porque não conseguem manter as promessas e realizá-las, mas que tudo é um dom absolutamente gratuito e imerecido. Cada vez mais reconhecem a si mesmas na imagem de Pedro no pátio do sumo sacerdote, que gastou diante de uma empregada todas as suas promessas, todos os seus juramentos, e totalmente nu, desarmado, aniquilado em seu orgulho de pessoa que sabe que quer merecer a misericórdia e o perdão, é colhida por um olhar de bondade e misericórdia inesperada. Se a pessoa não está orando autenticamente, mas procura de algum modo fingir que reza, ou simplesmente está fazendo um monólogo, os pecados que começam a aparecer em sua vida podem abatê-la tanto que não somente a podem fazer cair no desleixo espiritual, mas até mesmo sentir-se separada de Deus. E se Deus permanece muito longe, pode-se começar a sofrer um falso "complexo de inferioridade" espiritual, a não crer que Deus perdoe, salve e que não possa levar uma vida diferente. É uma reação que acontece num coração que cedeu a algumas tentações e que torna evidente que a pessoa não crê que Deus possa fazê-la mudar de vida e dar-lhe a força para superar, mas permanece ancorada em si mesma, nas próprias forças, onde de fato não há esperança. Trata-se de uma desconfiança em Deus, exatamente porque não se move em direção a uma confiança nele. Nesse estado, a esperança, a caridade não são realidades possíveis, pois são realidades relacionais, como a própria fé. Se raciocino somente dentro do meu eu, a esperança se torna ilusão ou utopia que, uma vez desiludida, me desanimará ainda mais. Então a caridade se torna o cansaço de ter que amar sempre, ou se perverte num amor próprio por meio do qual chego à declaração da impossibilidade de viver a fé e o Evangelho, a não ser como destruição de mim mesmo. Assim, aquilo que o Evangelho pede é percebido como sacrifício amargo para a pessoa, bom somente para os heróis que podem vangloriar-se de terem alcançado sucesso; mas eu não estou entre eles.

Por meio da desolação espiritual

A pessoa que acompanha os movimentos espirituais com uma abertura serena e se deixa ajudar, caminha sempre em grande equilíbrio entre desolações e consolações. Fundamentalmente, não leva muito a sério nem uma nem outra, pois sabe que são apenas indicações, sinais, meios, mas a meta é o encontro com o Senhor. Por esse motivo, é preciso colocar a atenção na esperança. Trata-se de perseverar no caminho iniciado até chegar à meta, sobretudo quando for difícil e formos tomados pelo desânimo, pela desolação. Ou, desencorajados por causa das próprias fraquezas e dos próprios pecados, ou diante do mal do mundo, formos tentados a desistir, a não ir mais em frente, a diminuir a oração, e assim por diante. As pessoas que estão numa atitude contemplativa correta perseveram, sabendo que na hora do desânimo, da desolação, do desencorajamento, os pensamentos não são inspirados pelo Espírito Santo e, portanto, não devem ser seguidos. Em todo caso, é preciso estar atento à desolação e aos momentos de vazio e de secura, e convém falar sobre isso com alguma pessoa espiritual, porque poderia tratar-se também de momentos apoiados por Deus e que querem proteger a pessoa de enganos devidos ao próprio exercício. De fato, há pessoas que têm muita necessidade de confirmações para aquilo que estão fazendo e que facilmente atribuem os pequenos resultados espirituais aos seus méritos, pensando que, sendo sempre boas em tudo, aqui também, se fizerem bem as coisas, o resultado será bom para elas. Mas desse modo também correm o risco de fechar-se no eu e de basear a vida espiritual nos efeitos que ela tem.

Então, o Senhor pode deixar na solidão, no vazio, a fim de que saiba que é a graça de Deus que inflama o coração e que somente pelo dom do amor posso alcançar o sabor do amor, e não porque eu o imagino. Para algumas pessoas mais rápidas e tendentes aos entusiasmos, às euforias, o Senhor pode tirar-lhes os sentimentos fortes e os efeitos psíquicos da oração, para que descubram mais objetivamente o próprio realismo pessoal, isto é, do que são capazes de fato, para que não percam tempo com grandes promessas e projetos, se depois, de fato, logo que estão suficientemente satisfeitas, puxam os remos para dentro da barca.

Abrir-se à relação espiritual

Os mestres espirituais insistem unanimemente na importância de não aceitar o diálogo com a tentação. Logo que a pessoa começa a ter uma certa clareza sobre quais pensamentos a orientam para o Senhor e quais sentimentos a esquentam para ele, deve manter firme tal orientação. E qualquer coisa que se apresente com veemência e urgência, perturbando-a e espantando-a, é bom contar a uma outra pessoa verdadeiramente espiritual que saiba desentocar as tentações. (As tentações nunca se apresentam àqueles que não são peritos na luta espiritual. Estes podem, de fato, cair na armadilha da própria tentação ou fazer com que ela ocupe a pessoa que se confiou, porque não a considerou a partir do ponto de vista espiritual.) Todavia, convém sobretudo desvelar as tentações que se apresentam como algo íntimo, privado, como um segredo entre duas pessoas. A tentação contada a uma pessoa espiritual se esvai como gelo numa chapa quente. Ou melhor, esse é o verdadeiro remédio preventivo. O que acontece nesse colóquio espiritual? A pessoa se abre para uma relação espiritual, exercitando-se, assim, na abertura ao Senhor. No começo, ainda se corre o risco de que, na psicologia da pessoa, o Senhor seja uma realidade abstrata, conceitual, ou carregada da nossa psicologia, mas por meio de uma abertura eclesial ou até mesmo litúrgica, a pessoa consegue se abrir à objetividade do Senhor. É a comunhão com Deus que vence o mal, dissipa a escuridão e vivifica o coração.

A experiência fundante do Deus-Amor

O discernimento da primeira fase se encerra quando a pessoa, sufocando-se na escuridão da noite, cheira a morte, como Lázaro enfaixado e deposto no sepulcro. Mas, como Lázaro, ouve a voz que a chama para fora do sepulcro. Para o pecador é uma nova criação, quando ele revive regenerado. De agora em diante, enxergará a vida sempre numa ótica diferente, porque não a verá mais nessa irrefreável corrida trágica para o túmulo trancado, mas a verá jorrar de um túmulo aberto. Inácio de Loyola conclui a primeira fase da caminhada espiritual no inferno, onde a pessoa constata o absurdo e o nada de uma vida sem Deus de maneira existencial, experiencial-racional. A vida e Deus são, de fato, realidades que se as separarmos, viveremos uma ilusão a respeito da vida e de Deus. Inácio começa a caminhada da segunda etapa com o chamado de nosso Senhor, porque de fato a vocação, a criação e a redenção coincidem no homem espiritual.

O discernimento da primeira fase termina, portanto, deixando-nos alcançar por Cristo, deixando-nos ser acolhidos por ele, caindo-lhe nos braços, deixando que ele nos coloque no colo e nós, com toda a nossa carne ferida e exposta às tentações, finalmente sussurremos integralmente, como tudo aquilo que somos: "Jesus Cristo, meu Senhor e meu Salvador, faze de mim segundo a tua santa vontade". Atingido pelo amor no esplendor da nova criação, o homem pode agora realizar o ato supremo do amor e da fé: oferece a própria vontade à vontade daquele que não somente quer o bem, mas o possui realmente e, portanto, pode realizá-lo. Esse ato é indispensável se o homem quiser começar a criar, construir e realizar também a si mesmo. Mas quem não chega a ter essa experiência de são Pedro, que chora no pátio do sumo sacerdote e se encontra com os olhos do amor misericordioso, não pode entender que é na renúncia a si mesmo que se reencontra e que é na morte à própria vontade que se realiza a verdadeira vontade da pessoa, à imagem do ágape que não morre mais. É um ato em que o amor de Deus atinge o coração humano de modo sensível, de maneira que também a carne percebe estar sendo remida. E como a mulher em Mc 5, que sentiu em seu corpo que estava curada, percebo que na força da carne de Cristo exposta ao mal do mundo, encontrando a minha carne em suas feridas, posso reconhecê-lo como meu Senhor. É verdadeiramente um ato de fé, em que eu, atingido pelo êxtase de Deus, saio de mim mesmo e, na esteira do amor divino, retorno a ele afirmando-o como Senhor, o Único, o Incomparável. O homem, porém, não pode realizar esse ato sozinho. Essa obra é possível somente no Espírito Santo, aquele que faz de Deus o *nosso* Deus e da salvação a nossa salvação. A pessoa agora experimenta essa realidade teológica exatamente porque se deixou guiar pelo Espírito e pelo discernimento se dispôs, cada vez mais plena e radicalmente, à sua presença e à sua ação. Por isso, sai da dimensão do escravo e finalmente pronuncia "Abba, Pai". Então, o Cristo a quem se confiou torna-se o âmbito no qual descobre ser filho.

Todo esse processo não é um episódio "místico" fechado numa autoconvicção psicológica, mas um evento que acontece à luz do sol, na Igreja, numa liturgia, isto é, no sacramento da reconciliação. O sacramento do perdão é uma liturgia e, portanto, uma linguagem que se dirige ao homem todo e que também faz com que todo o homem fale. Por isso, é um encontro, um evento, no qual acolhe sensivelmente as realidades do eterno. A reconciliação e o perdão não são efeitos principalmente psicológicos, porque a pessoa, por causa da sua história, do seu caráter e de outros motivos, talvez por muito tempo não possa sentir-se perdoada, mas pela confiança experimentada acreditará que é pecador perdoado e, pouco a pouco, esse perdão invadirá todo o seu ser. A reconciliação é uma liturgia que, como tal, expressa toda a verdade de Cristo, em toda a sua objetividade. Dá-se num encontro verdadeiro, real, entre duas objetividades pessoais, a do pecador e a do Salvador. O perdão não significa que Deus tenha simplesmente cancelado os nossos pecados, mas que a vida vivida sem Deus é assumida por ele. Aquilo que foi esvaziado pelo nosso egoísmo, o poder devastador que priva a vida de seu verdadeiro sentido, é agora preenchido pela graça e iluminado pelo verdadeiro sentido. No perdão, o cristão reencontra sua vida íntegra, acolhida no olhar misericordioso de Cristo. A história toda se torna uma realidade espiritual, porque novamente aparece o sentido orgânico de toda a vivência com Cristo. Portanto, também aquilo que era pecado agora lembra Deus, fala dele e une o pecador perdoado ao seu Criador e Salvador. A penitência que lhe for concedida será uma espécie de *pharmakos*, de *paideia*, de caminho pedagógico salutar para ter uma memória viva do perdão. E a realidade mais importante é que o perdão não se limita ao interior da pessoa à qual foi concedido, mas tem seu verdadeiro alcance na Igreja. Descobrir-se filho significa descobrir os irmãos e as irmãs. Começa, então, uma caminhada para descobrir os rostos dos meus irmãos e das minhas irmãs.

A PRESERVAÇÃO DO GOSTO DO PERDÃO

O evento do perdão é o evento fundante da vida de todo cristão. A parábola cristã começa, de fato, com o batismo, que é uma anistia geral e gratuita, como diz Orígenes. Mas, como lembra Truhlar, o batismo, ministrado a crianças que depois vivem submersas numa cultura que não é aquela do batismo, muitas vezes permanece sepultado. A reconciliação é, assim, o momento no qual todo esplendor, força e eficácia do batismo voltam à luz. Por isso, para muitos cristãos, o princípio verdadeiramente fundante de sua vida é a reconciliação, quando podem reviver conscientemente o perdão. Só Deus perdoa os pecados. Então, não pode haver nenhuma outra realidade, senão o perdão, que possa apresentar-se ao homem com a certeza de ser uma experiência de Deus. Muitas vezes encontramos pessoas que contam a própria desilusão pelo fato de certos retiros, orações, considerados como autêntica experiência de Deus, através da vida acabaram se revelando como auto-sugestões, uma espécie de psicoterapia. Por isso, o discernimento da primeira fase termina fazendo coincidir o percurso refletido racionalmente com as realidades tomadas sentimentalmente, envolvendo toda a pessoa humana. Por isso, o evento tem um sabor próprio, seu gosto, que a pessoa pode perceber racionalmente, memorizar, guardar no depósito da experiência do sentimento, enquanto a vontade é decididamente orientada para o próprio evento fundante. Os temas principais da fé — a criação, o pecado, a redenção, a Igreja, a Trindade — tornam-se, assim, para a mente do pecador perdoado, o percurso no qual a memória, o gosto, a criatividade reencontram a unidade destruída pelo pecado. Um cristão que fez itinerários de oração para o discernimento começa a pensar dentro das coordenadas da história da salvação. A teologia vivida torna-se o horizonte do pensamento e não pode contentar-se mais com mestres que propõem o pensamento do mundo.

É importante um exercício de memória. De agora em diante, a vida espiritual não poderá mais ser sadia a não ser com um exercício contínuo de vigilância. Grande parte da vida espiritual será o guarda do coração purificado, do sabor da Palavra de Deus, do gosto do perdão, do sabor da ação do Espírito Santo. Falo do gosto e não somente do sentimento. O gosto é uma realidade que indica maior integração do que apenas o sentimento. Para perceber um gosto é necessária a participação de toda a pessoa. O coração humano restaurado conhece seu gosto, reconhece os sabores que lhe dão a vida.

Um dos caminhos a serem percorridos para guardar o sabor e o gosto de Deus é certamente a lembrança do próprio evento do perdão. E qual é a memória mais autêntica do perdão? Repetir, reviver a oração que eu fazia pedindo o perdão com todo o meu ser. Quando o homem pede o perdão, praticamente já alcançou o amor de Deus. Pedir perdão significa entrar no estado de arrependimento. Quando se percebe o pecado, supera-se a psicologia das culpas, das imperfeições, dos erros e entra-se na dimensão da fé. O pecado é compreendido somente dentro da fé

3. As dinâmicas da primeira fase do discernimento

e quem percebe a si mesmo como pecador já vê, no limiar do próprio coração, o Senhor que bate à porta com a misericórdia. Fora da fé não se percebe à altura, não como se deveria ou se desejaria ser, imperfeitos, não segundo a lei etc. Na fé nos sentimos pecadores, porque sabemos que o pecado diz respeito à relação, ao amor, ao rosto do outro, de Deus. O arrependimento que jorra do mais profundo de nós mesmos é pranto, soluço, dor, como se o coração estivesse em mil pedaços. Dor que antes segurava firme o coração porque se considerava que se devia salvar sozinho, e então as lágrimas eram lágrimas de tristeza. Depois, a dor torna-se insustentável, o homem cede, acolhe o Senhor que o abraça, tudo aquilo que considerava importante se faz em pedaços e então essa dor se transforma em dores do parto, isto é, de recém-nascido, de gerado, e as lágrimas, em lágrimas de alegria, de festa. O coração não fica quebrado, mas a casca que não o deixava se quebrar agora se quebra, permitindo, assim, ao coração bater livremente e não se sentir mais apertado. O arrependimento é um movimento que empurra o homem para o abraço. É como a criança, quando a mãe lhe diz alguma coisa de que ela não gosta. Faz-se de ofendida, quer abandonar a mãe, se afasta, mas logo depois se arrepende, silenciosamente volta ao quarto, ouve-se um soluço, ela corre para a mãe, sussurrando-lhe algumas palavras. O arrependimento é um movimento que insere a pessoa na onda da relação livre, onde até a culpa é lida em chave de relação mais genuína, mais estreita e, portanto, na chave do Rosto. Quando, porém, se vai a uma reconciliação sem arrependimento, pedindo perdão mais pela pressão psíquica do que pelo coração arrependido, não se sente o Rosto, mas a própria inadequação, a regra, a lei, o mandamento que não se foi capaz de observar. É uma confissão mais por causa de nós mesmos do que por causa do amor louco de Deus que nos atingiu. A medida da autenticidade do caminho percorrido é o arrependimento. Por isso, a memória mais segura do perdão, do sabor do amor, é a oração que guarda a memória do perdão. É uma espécie de *penthos*: manter vivo no coração o efeito do arrependimento, que é o amor reencontrado. Então eu repito essa oração pelo perdão que eu rezava no arrependimento, mas de fato choro lágrimas doces, as lágrimas da festa que me invadiram com o amor reencontrado. A melhor lembrança é, portanto, fixar a atenção no primeiro toque do amor no coração arrependido. Isso significa manter constantemente viva a atenção no efeito do arrependimento, do perdão, que é o amor reencontrado. Os padres filocálicos chamariam tal lembrança de sobriedade. A sobriedade é colocar a atenção nas realidades que permanecem, que têm peso, isto é, nas realidades de Deus. E quando a atenção está unida a um gosto, é muito mais fácil exercê-la. Onde há atenção, aí está o intelecto da pessoa, o intelecto no sentido espiritual. E como a atenção é colocada na lembrança do amor experimentado, também o intelecto, chamado novamente para essa realidade, reencontra exatamente aí o seu lugar autêntico, isto é, sua verdadeira base, que é o amor. O homem revive, assim, a mais verdadeira e desejada integração pessoal. Reconhece-se tal integração porque a pessoa é criativa em sentido cristalino, limpo, sem interesses ambíguos, sem a busca de si, mas com verdadeiros impulsos gratuitos. Portanto, criatividade voltada para as realidades que permanecem, porque partem do amor e nele desembocam: "Permaneçam no meu amor".

Advertência

Como vimos, todos os grandes mestres destinaram o discernimento para o colóquio espiritual. Após termos chegado até aqui com a leitura, provavelmente estamos de acordo que não se trata de um percurso simples e que nele há muitas armadilhas. Por isso, deve aqui ser repetido o antigo conselho de não se enveredar sozinho por esse caminho.

Além disso, é preciso dizer que o discernimento, embora seja a arte que nos preserva dos exageros, dos desvios e nos garante a sabedoria que é também olhar sadio sobre as coisas, não é o caminho que todos devem percorrer. Pode-se viver cristãmente, como sabemos muito bem, limitando-nos a seguir o caminho daqueles

3. As dinâmicas da primeira fase do discernimento

que nos precederam na caminhada da fé, repetindo gestos, hábitos, costumes e pouco a pouco, descobrindo a dimensão consciente, pessoal, da salvação. O fato é que as mudanças culturais às quais o nosso tempo está submetido tornam extremamente difícil uma vida assim, porque as diferenças culturais se tornam de tal modo abissais a ponto de se encontrar diferenças de mentalidade dentro de uma mesma família, maiores do que aquelas que dizem respeito a grupos de culturas diferentes. Portanto, o discernimento é uma realidade urgente, sobretudo em tempos nos quais o tecido social, cultural e eclesial está aberto a muitas mudanças e se abre para uma época de transição. A Igreja também, por meio de seus documentos, nos convida continuamente a um exercício de discernimento. A própria tradição da Igreja testemunha que o discernimento é a via régia para o fiel, uma arte de sinergia com o dom de Deus, de escuta da tradição, de incardinação eclesial, de abertura para a história e de exercício psicoespiritual.

É claro que para uma pessoa que chegou a uma identificação forte e pessoal do sabor e do gosto da salvação, a vida será bem diferente de uma outra que se mexe dentro das coordenadas gerais de preceitos e regras, movida pelo turbilhão cultural, moral e psicológico do nosso tempo. Quem chegou a uma memória de Deus, já começa o dia diferentemente, porque o inicia reconhecendo dentro dos perfumes e dos sabores, dos gostos do mundo aquilo que é de Deus e o que não é. Enfrenta o dia que começa, a atividade, os encontros com uma atitude diferente e, por isso, também o termina diferentemente, recolhendo seus frutos. Num enxame de sabores, perfumes, ofertas que inquietam o homem de hoje, é muito difícil viver a doutrina, o preceito, sem que se tenha uma convicção interior que preencha o coração e dê sabor. Contudo, a pessoa que chega à certeza da ação de Deus em si, que consegue identificá-la, exatamente por causa desse gosto fica preservada de dogmatismos, fundamentalismos, como também de laxismos e psicologismos, e se encaminha para a segunda fase do discernimento, na qual se exercita em discernir as diversas possibilidades de bem, mesmo quando esse gosto de

Deus, por meio de muitos exercícios de discernimento, não se consolida numa atitude constante de discernimento.

Hoje em dia, fala-se muito em discernimento comunitário. Todavia, depois de ter percorrido até aqui as principais características da primeira fase do discernimento, é evidente que devemos ser cautelosos quanto ao discernimento comunitário. Se numa comunidade há pessoas ainda fortemente vítimas da própria vontade e que procuram gerir a própria vida e a da comunidade ou do instituto segundo a própria visão, talvez camuflada por rótulos espirituais — é claro que não é possível fazer um discernimento comunitário. Realidades como as dificuldades, a cruz, as doenças, as resistências dos outros e os fracassos serão lidas diferentemente por quem já adquiriu um conhecimento de Deus e, portanto, raciocina com uma mentalidade espiritual, e por quem ainda não tem essa mentalidade; alguns poderão ver nelas um significado deliciosamente salvífico e espiritual, enquanto outros continuarão lutando para realizar a própria visão. Os primeiros terão não somente a arte do discernimento, mas também uma atitude de discernimento e, por isso, acolherão os eventos da vida em chave sapiencial, encontrando aí um significado espiritual. Os outros lutarão contra as dificuldades e acolherão somente aquilo que for se realizando segundo as suas idéias. Podemos encontrar centenas de diferenças como essas e que mostram explicitamente o quanto é difícil realizar um discernimento comunitário. Convém, então, sermos coerentes e dizer que muitas vezes as comunidades se esforçam para chegar ao menos a uma partilha mais ou menos fraterna, a uma conversa, a uma troca de pontos de vista, mas não a um discernimento verdadeiro. Propriamente falando, para haver discernimento comunitário é preciso que todos os membros da comunidade tenham consolidado a primeira fase do discernimento e tenham, portanto, chegado a um entendimento espiritual fundamental. Todavia, deve ser respeitado o esforço que muitos fazem para alcançar isso, até por que a Igreja pós-conciliar nos mostra que onde há uma comunidade de duas, três ou mais pessoas que de fato se entenderam no Senhor, aí floresce a vida.

Segunda Parte

▶ Como permanecer com Cristo

Proêmio

> "Perfeita é a alma cujo poder passional
> é inteiramente voltado a Deus."
>
> *(Máximo Confessor)*

Este livro é a continuação daquele dedicado à primeira fase do discernimento. No primeiro volume, tratei do discernimento como uma arte por meio da qual o cristão consegue saborear e experimentar em plenitude a redenção como amor pessoal de Cristo. Neste volume, afronto como permanecer unido a Cristo, como não dispersar a salvação alcançada. Trata-se do discernimento como arte de seguir a Cristo, seja nas grandes escolhas da vida, do trabalho, como também nas pequenas opções do cotidiano. Quanto mais progredimos na vida espiritual, mais as tentações se camuflam. Por isso, o discernimento do seguimento de Cristo consiste, em grande parte, em desmascarar as ilusões e em orientarmo-nos ao realismo e à objetividade de Cristo, nosso Senhor e Salvador, Messias pascal que vive na Igreja e na história. O discernimento leva, de fato, a uma maturidade eclesial, a uma fidelidade comprovada.

Por isso, o livro inicia-se com um capítulo dedicado ao princípio e fundamento teológico de como permanecer em Cristo. O capítulo seguinte é dedicado às tentações que o cristão experimenta em seu caminho na busca do Senhor. São descritas as ilusões e os mecanismos principais do tentador e o modo pelo qual os pais espirituais desmascaram esses enganos. Depois, segue-se um capítulo dedicado à verificação da nossa real adesão a Cristo, na qual não há espaço para as ilusões e os enganos. E como o discernimento não é uma técnica para resolver os problemas da vida espiritual, mas uma realidade colocada na relação entre ser humano e Deus — portanto no espaço do amor —, é preciso iniciar-se e dar os primeiros passos no exercício do discernimento. Explicam-se aqui, então, as circunstâncias mais adequadas e os modos mais apropriados para iniciar-se na arte do discernimento e conclui-se com dois dos elementos mais significativos desta segunda fase, isto é, o discernimento da vocação e o discernimento comunitário. De todo este percurso, salienta-se que o verdadeiro discernimento é uma atitude constante. Durante todo o texto, quase paralelamente a cada subtítulo, seguem-se dados de referência — principalmente Inácio de Loyola e autores filocálicos — que constituem, com o estudo e os anos de prática pastoral, o âmbito de amadurecimento das reflexões que se seguem.[1]

---

[1] Assinalo alguns textos de autores espirituais que podem constituir um ótimo pano de fundo para o tema: CASSIANO ROMANO. *Discorso sugli otto pensieri; A Leonzio Igumeno; I Santi Padri che vivono a Scete; Discorso sommamente utile a proposito del discernimento*. In: *La filocalia*, I, Torino, 1985 (daqui por diante *Filocalia*). pp. 127-169; os escritos de SORSKIJ, N. In: BIANCHI, E. (org.). *N. Sorskij. La vita e gli scritti*. Torino, 1988. pp. 35-133; LOYOLA, Inácio de. *Autobiografia*. COSTA, M. (org.). Roma, 1991; HAUSHERR, I. *Philautía. Dall'amore di sé alla carità*. Magnamo, 1999; e ŠPIDLÍK, T. *Ignazio di Loyola e la spiritualità orientale*. Roma, 1994.

1

O princípio e o fundamento para discernir como permanecer em Cristo

ENCONTRAR-SE EM CRISTO[1]

O discernimento da segunda fase,[2] da *sequela Christi*, possui seu princípio e fundamento na experiência alcançada seguindo a dinâmica da primeira fase. Vimos como os movimentos da primeira fase do discernimento levam o fiel a uma consciência experiencial-racional de si em Deus e de Deus na própria história. Trata-se, portanto, de uma consciência de si na própria verdade, o ver-se como Deus nos vê. Mas trata-se, ao mesmo tempo, de uma purificação da idéia que temos de Deus, livrando-a, pouco a pouco, das falsas imagens que lhe atribuímos, alcançando uma consciência realista e verdadeira, até descobrir Deus como o "Tu" fundador e absoluto, não apenas da própria vida, mas de toda a história e do universo. Tudo isso advém de uma experiência de Deus como Pai misericordioso, que na criação e na redenção revela-se como amor.

---

[1] Cf. SOLOV'ĖV, V. *I fondamenti spirituali della vita*. Roma, 1998. pp. 87-97; TRUHLAR, V. Odrešenje (salvação). In: *Leksikon duhovnosti*. Celje, 1974. p. 392; RUPNIK, M. I. *Dire l'uomo*. 2. ed. Roma, 1997. v. I: *Persona, cultura della Pasqua*. pp. 227-271.

[2] Evidentemente as duas fases do discernimento, ou seja, as duas principais etapas de crescimento na vida espiritual — a purificadora e a criativa no seguir a Cristo —, não estão tão nitidamente separadas. Os autores espirituais estabelecem essa separação para melhor compreensão de como agem os espíritos sobre o ser humano e de como este se comporta quando se aproxima de Deus e quando é tentado. A pessoa é um organismo, não um esquema. Por isso, suas etapas de crescimento não são catalogáveis de modo simples, matemático. O crescimento e o amadurecimento manifestam-se por meio de diversas conotações que indicam determinados movimentos e conteúdos da pessoa.

É o Espírito Santo que torna pessoal essa revelação para cada seguidor sincero de Deus. Em meio à sua ação, experimentamos Deus como nosso Pai, o Filho — por meio do qual fomos criados e salvos — como nosso Senhor e Salvador. O Espírito Santo age com uma atração de amor capaz de fazer-nos instaurar uma relação pessoal com Deus. Essa relação tem um de seus máximos momentos qualificantes na experiência do perdão. É justamente no perdão que alcançamos de fato a certeza da experiência de Deus e, portanto, da salvação que realmente experimentamos. Somente Deus perdoa os pecados. Somente ele regenera um homem morto, transformando-o de um pecador, escravo de si e da força ao mesmo tempo auto-afirmativa e autodestrutiva, em um filho capaz de relações livres, seja para com ele mesmo, seja para com os outros e com o mundo, justamente porque se descobriu amado loucamente pelo Pai. O homem morto, como Lázaro na tumba, ouve a voz que de fora o chama (cf. Jo 11,43). Mas, em vez da pedra que lacrava o sepulcro, encontra o Pai que lhe traz ao colo. Neste acontecimento, experimentamos não somente o perdão de pecados particulares, mas o perdão do pecado, somos lavados. Vemos imediatamente como vivíamos apoiados sobre nós mesmos, e talvez a abertura a Deus era apenas falsa, ilusória, enquanto, na verdade, vivíamos de maneira auto-referencial.

Este momento é uma realidade totalizadora, a experiência de sermos curados, uma prova da nova criação que se imprime em nosso coração e em nossos sentidos, mas também em nosso sentimento e razão. É um acontecimento fundador para todas as faculdades da pessoa humana. Para alguns, esse momento coincide com o batismo; para outros — já batizados, mas com o batismo "sepultado" pelo egoísmo e pela clausura em si mesmos —, é uma reconciliação radical. Em todo caso, trata-se de uma nova criação, pois nos leva a viver a radical novidade constituída pelo batismo, sua anistia geral e gratuita.

A reconciliação é obra do Espírito Santo, justamente porque é nele que são perdoados os pecados. Somente o Espírito comu-

1. O princípio e o fundamento para discernir como permanecer em Cristo

nica Deus e seu amor de modo pessoal e dispõe o ser humano a acolhê-lo, movendo o coração humano em direção àquele amor maduro que nos faz aderir livremente ao Senhor que vem, que nos faz entregarmo-nos em suas mãos. É somente o Espírito que consegue amadurecer um intelecto de amor graças ao qual compreendemos que nos salvamos somente quando renunciamos ao princípio egoísta de auto-afirmação e auto-salvação. Mas este ato é possível, pois é Deus que primeiramente vive o êxtase e a *kénosis*. Um êxtase que para ele é a *kénosis*, isto é, o abandono de seu absoluto e a descida ao criado. Toda a Trindade é envolvida nesse processo de *kénosis*. É o Deus trino que manda ao homem a segunda Pessoa, o Verbo de Deus, aquele Filho a cuja imagem o homem foi criado. Por isso, o Espírito Santo encarna o Verbo que nasce da Virgem como uma criança, como um filho justamente, que cresce em meio a nós assumindo sobre si todas as dimensões da história e da vida humana, sobretudo as do pecado e da morte. E que no acontecimento de sua Páscoa realiza a entrega de Deus em nossas mãos e vive a adesão filial da humanidade a Deus Pai.

A relação de nós, seres humanos, com Deus é, portanto, fundada e realizada na vinda do Filho de Deus, na sua encarnação, na sua Páscoa e no seu retorno ao pai. Nossa relação com Deus é possível porque ele relacionou-se conosco primeiramente (cf. 1Jo 4,10). Cristo, relação completa de Deus Pai conosco, é também a única e plena relação de nós, seres humanos, com o Pai. Nossa fé é sempre uma resposta ao amor com o qual Deus nos atinge. É possível, portanto, crer em Deus, relacionar-se com ele, pois ele relacionou-se conosco e abriu o caminho do nosso retorno a si. Cristo, êxtase de Deus para com a humanidade, é também o nosso êxtase diante de Deus. O Espírito Santo guia cada fiel nessa relação com Deus, fazendo com que Cristo seja para cada um o seu Senhor; e o caminho de cada um em Cristo, um caminho inteiramente pessoal, mesmo que junto aos irmãos e às irmãs com os quais experimenta a nova humanidade restaurada em Cristo.

Cristo, verdadeiro Deus e verdadeiro homem, é a Pessoa divina que contém em si a experiência do amor de Deus e do homem. Quando nós, na experiência fundadora da fé — isto é, no real encontro com Cristo que nos perdoa os pecados e nos salva —, saboreamos o amor de Deus, degustamos um amor pessoal. Cristo não nos comunica algo abstrato, mas uma realidade que nos traz algo a experimentar, degustar, viver. Por isso, a salvação que Cristo comunica com o perdão é uma salvação que tem as feições de Cristo, seus sabores, sua verdade. Feições, sabores, verdade que, contudo, experimentamos ao mesmo tempo como nossos. No perdão radical, na verdadeira reconciliação, nos reconhecemos em Cristo, nos sentimos parte de seu amor, de sua realidade, percebemos que Cristo nos pertence e que tudo aquilo que é de Cristo, é nosso. Feitos os devidos "distinguo", é uma experiência próxima àquela que temos quando lemos uma poesia e nos vem à mente: era exatamente isso que eu gostaria de dizer, mas não sabia expressá-lo! No perdão, o cristão adere a Cristo, pois nele se descobre a si mesmo, como se aquilo que Cristo é, aquilo que ele experimenta em seu amor divino-humano, fosse aquilo que o ser humano desde a criação desejava viver. Em resumo, a verdade do batismo, na qual essa adesão é fundada, torna-se real, viva, e o coração do cristão, com todas as suas articulações de capacidades cognitivas e sensíveis, começa a saborear Cristo, isto é, o amor que une Deus e o ser humano.

A MEMÓRIA DA SALVAÇÃO EM CRISTO PRINCÍPIO DO DISCERNIMENTO[3]

Depois de ter experimentado o perdão, o encontro real com Deus, a pessoa adere ao Senhor procurando fazer deste evento fundador uma memória. É uma memória de amor que invade todas as faculdades que, no ser humano, são baseadas e enxerta-

---

[3] ASCETA, M. Lettera al Monaco Nicola. In: *Filocalia*, I. p. 213. FOTICA, D. di. Definizioni. Discorso ascetico, 30. In: *Filocalia*, I.

1. O princípio e o fundamento para discernir como permanecer em Cristo

das no amor: o raciocínio, o sentimento, a vontade, a intuição etc., e até mesmo a percepção sensorial. Essa memória, esse gosto conservado torna-se o verdadeiro princípio do discernimento. Como o gosto sensorial, se for sadio, consegue distinguir a comida boa da ruim, assim o gosto espiritual conservado na memória consegue distinguir os gostos que lhe são conaturais daqueles que não o são. Vários autores espirituais antigos falavam sobre como conservar essa memória constante daquilo que Deus já cumpriu em nós, e sugeriam, por exemplo, o exercício da sobriedade. A sobriedade, de fato, é a atitude espiritual de quem tem a atenção voltada para aquilo que vale a pena, sobre aquilo que permanece, para aquilo que possui um verdadeiro peso. A atenção centra todas as faculdades no permanecer em Cristo e protege a pessoa das excitações e das inquietudes das paixões.

Então, uma vez que o encontro com Deus acontece de forma verdadeira e real no perdão, em que o Senhor não somente perdoou os pecados, mas salvou a mim, pecador, a sobriedade é manter a atenção sobre esse amor salvador experimentado. É um amor que possui um rosto — Cristo —, mas também um sabor concreto, uma luz precisa, e que por ser conservado tem necessidade de adentrar progressivamente em toda a pessoa. Já que também as nossas capacidades cognitivas crescem do amor e nele são fundadas, com o exercício da sobriedade favorece essa adesão de tudo o que há em nós ao amor, e, portanto, nossa real integração, nossa progressiva unidade, onde as diversas dimensões da pessoa e os diversos fatos da vida não são vividos como fraturas que causam sofrimentos e confusões insuportáveis. Isso faz com que cada vez mais a pessoa experimente uma paz mais ou menos constante, que é acompanhada de uma certa serenidade e de uma inteligência estendida à criatividade, à meta, que é exatamente se descobrir e se realizar como filhos no Filho.

A pessoa que de fato ainda não experimentou algo tão fundamental e totalizante para poder ter uma memória concreta e viva do gosto do amor encontra dificuldade em concentrar-se e reassumir-se em uma orientação íntegra e unitária. A busca da superação das próprias fraturas, das divisões, poderia, neste caso, ser mais um exercício da vontade, um imperativo moral. Mas sabemos qual é, normalmente, o resultado dessas aproximações. Quem possui uma inteligência ainda não absorvida em boa parte de suas articulações por um amor real, verdadeiro, facilmente presta atenção a cada atração, a cada adulação. E assim vive a dispersão e a fragmentação, que podem estender-se do micromundo cotidiano às grandes escolhas da vida. O mesmo acontece com quem tem fome e, de repente, come tudo aquilo que lhe é oferecido; com quem é curioso e quer escutar todas as vozes, extorquir cada imagem.

Já uma pessoa sóbria, que possui a inteligência e a atenção do coração atraídas pelo rosto do Filho, não sente necessidade de dispersar-se em outras coisas, buscar comidas diferentes, muitas vezes miseráveis, justamente porque saboreou comidas ótimas, gostosas, sabores inconfundíveis. Uma pessoa assim talvez pareça renunciar a muitas coisas. Contudo, sua atitude não é ditada por um ascetismo seco, imposto, mas, sim, conseqüência de uma simples fidelidade àquilo de melhor que já experimenta. Coloca sua atenção no interior do coração, onde sua inteligência espiritual dilata-se nos sentidos espirituais. Por isso, é sóbria e não sente mais atração pelas coisas de segunda e terceira categorias. E mesmo quando a memória desse gosto de Deus é difícil e podemos provar a seca, basta um exercício de paciência: permanecer ali com plena consciência de que aquilo que saboreamos nos pertence e que nada pode apagar aquele acontecimento fundante no qual regeneramos também a nossa sensibilidade, nossos sentidos e nosso pensamento. Também quando a salvação parece estar muito longe, a alma não prova seus efeitos e o pensamento se cansa de se concentrar, a ascese que o cristão iniciou tem seu fundamento em um encontro real, que aconteceu e, portanto, em um amor concreto, capaz de empregar a vontade de modo são e correto. A própria convicção de termos bebido na verdadeira vida, na consciência daquele que salva, de termos sido beijados pelo

1. O princípio e o fundamento para discernir como permanecer em Cristo

Rosto do Amor, conserva a integridade do nosso caminho e nos faz relativizar e desmascarar as tentações e as pressões de tantas atrações. Quem, pelo contrário, não possui tal experiência fundante, pode fazer desse exercício de concentração sobre o Senhor apenas um grande esforço de vontade, mas que, por si, não oferece a garantia de viver uma relação verdadeira e consciente com ele e ter a certeza de encontrá-lo, pois muito freqüentemente permanece enclausurado apenas no mundo dos comportamentos, como que desprendidos da fonte da seiva vital, como se as ligações tivessem sido cortadas. Por isso, uma pessoa assim, que coloca sua vida num voluntarismo do gênero, facilmente possui reações pêndulo: de um comportamento rigoroso, ascético, pode passar a um libertino. Diferentemente, para quem possui esta experiência fundante, a ascese é uma arte de conservação muito mais do que de renúncia: renunciamos por força do conteúdo precioso, do tesouro que nos foi doado. Abrimos, assim, um olhar completamente diferente sobre os exercícios da ascese cristã. A ascese é aquilo que o Espírito Santo nos incita a viver como nossa resposta ao encontro com Cristo, mas não é um caminho nosso para chegar a ele. Não conseguimos acreditar em Cristo porque fizemos esta opção e nos esforçamos para conseguir aquilo que decidimos. Não somos nós o ponto de partida da fé. A ascese cristã é baseada na gratidão por "sermos purificados dos nossos pecados" (cf. 2Pd 1,9) e por isso é buscar com todo empenho uma vida cada vez mais íntegra com o Senhor.

A REGRA FUNDAMENTAL DO DISCERNIMENTO NO SEGUIMENTO DE CRISTO[4]

Se lembrarmos o movimento dos espíritos como o descrevemos na primeira fase do discernimento, podemos aqui reto-

---

[4] LOYOLA, I. de. *Esercizi spirituali* (daqui em diante EESS) 329 e 335; cf. a regra dos antigos ascéticos *quidquid inquietat est a diabolo*. Entre muitos, ver ATANASIO. *Vita di Antonio* 36, PG 26, 896 e EVAGRIO. *Practicos* 80, SC 171. p. 669.

mar a atenção sobre a dinâmica fundamental da segunda fase. Como age o Espírito Santo sobre a pessoa que aderiu radicalmente a Deus, que se deixou atingir por ele e entrou nesta relação? A quem se voltou radicalmente a Deus, o Espírito Santo oferece consolação espiritual, faz alavanca sobretudo sobre a dimensão do sentir e do degustar. Depois, a partir do momento que a inteligência dessa pessoa nutre-se de sabores espirituais, o Espírito Santo age também no mundo dos pensamentos, buscando dar razão a essa orientação e a essa adesão. Os pensamentos então buscam tudo aquilo que diz respeito a Deus, o cumprimento de sua vontade etc. Já que pertencemos a Deus, a ele nos entregamos, o Senhor age sobre nós agindo em nós. Deus entra em nosso coração por meio de nossos pensamentos e sentimentos de modo suave, agradável, sem rupturas, sem que percebamos uma violação, uma ação externa, a nós estranha, que nos possa perturbar, inquietar, entristecer, trincar a consciência. Os pensamentos e os sentimentos movidos e inspirados pelo Espírito Santo apresentam-se ao coração humano semelhantemente ao patrão que entra na própria casa, sem bater, sem forçar a porta, mas simplesmente abrindo e entrando, pois a casa é dele. Como uma gota cai sobre a esponja e é silenciosamente absorvida sem ricochetear nem fazer barulho, assim os movimentos dos pensamentos e dos sentimentos movidos pelo Espírito Santo apresentam-se ao coração humano; antes brotam do coração, como um rio cársico, que simplesmente aparece. O coração reconhece esses movimentos como seus, como pertencentes a si.

Quando se está voltado assim para o Senhor, o inimigo da natureza humana[5] age de modo contrário ao Espírito: age, so-

---

[5] Este epíteto tem origem já na antigüidade cristã, onde o binômio ocidental natural/sobrenatural possuía um significado humano/divino, criado/não criado. Com isso, queria-se sublinhar que o mal não é conatural ao ser humano e que não é parte integrante deste como criatura de Deus. Segundo os antigos padres, na verdade, a natureza humana não é apenas boa, mas participa da vida divina e, portanto, o ser humano que vive segundo a natureza realiza o ideal da vida espiritual. A expressão "inimigo da natureza humana" é usada

1. O princípio e o fundamento para discernir como permanecer em Cristo

bretudo, sobre os pensamentos, já que o sentir está ocupado, já que sentimos e degustamos o amor. O tentador apóia-se, então, no raciocínio com violência, buscando dissuadir o pensamento dessa orientação, fazendo-o tropeçar, apresentando-lhe obstáculos, engrandecendo cansaços, renúncias, sofrimentos, aumentando os motivos para não se seguir adiante... O inimigo age com o tormento, torna o pensamento inquieto, provoca um certo estado de medo, temor, esquecimento. Prospecta o caminho como algo pesado e, de improviso, apresenta ao pensamento muitos perigos nunca antes imaginados.

A FRAUDE DO INIMIGO QUE SE DISFARÇA DE ANJO DE LUZ[6]

É a partir desses sinais que a pessoa espiritual consegue reconhecer a tentação. De fato, depois de ter sido alcançada por Cristo e ter aderido a ele, somente o inimigo perturba e inquieta, enquanto, antes da conversão, como vimos, ambos os espíritos podem inquietar. Por isso, os pensamentos que perturbam, corroem, inquietam, entristecem, nesta fase, são evidentemente inspirados pelo inimigo.

Isto é verdade. Mas, se tudo terminasse aqui, o inimigo jamais conseguiria vencer uma pessoa espiritual, pois seria imediatamente reconhecido por ser inspirador de pensamentos que perturbam e inquietam. O inimigo seria rapidamente reconhecido, como um ladrão que quer entrar em uma casa não com as chaves do proprietário, mas forçando a porta. E eis o ponto-chave de todo o discernimento da segunda fase: o inimigo, não podendo

---

justamente para evitar uma visão maniqueísta da vida espiritual, já que o ser humano não é exposto ao influxo de duas forças semelhantes que agem sobre ele. Ver: Špidlík, T. *La spiritualità dell'Oriente cristiano. Manuale sistematico.* Roma, 1987. pp. 56-58.

[6] Macario. *Discorsi. Parafrasi di Simeone Metafrasto* 122. In: *Filocalia*, III; Diadoco. Definizioni. Discorso ascetico 36 e 40. In: *Filocalia*, I.

vencer assim, pois seria descoberto por sua maneira de agir, se disfarça, de anjo das trevas que é, em anjo de luz (cf. 2Cor 11,14), com o intuito de infiltrar-se na interioridade da pessoa espiritual. Quem se move interiormente em uma relação com Deus, que está de fato no âmbito do Filho, a partir do momento que essa relação foi aberta e realizada por ele, não pode mais ser tentado pelo mal evidente. O tentador compreende que a pessoa não aceitará os pensamentos e os estados de ânimo que não são do Filho ou que são contrários ao viver dos filhos no Filho. Procura, então, apresentar-se com pensamentos e estados de ânimo que parecem espirituais para introduzir-se no mundo da pessoa espiritual e depois, pouco a pouco, desviá-la, desprendendo-a da relação com Deus Pai, orientando-a novamente a si mesma, fazendo-a retornar a uma clausura de escravo no próprio mundinho autogerido. O inimigo, sabendo que a pessoa aceita somente os pensamentos que a levam em direção a Cristo e que a fazem viver com ele, começa sugerir à alma também esse tipo de pensamento.

Com um exemplo simples, para ajudar-nos a tornar visível o que estamos descrevendo, imaginemos um rapaz de uma cidadezinha que vai sempre bater na janela de sua namorada à noite. Chama-a; ela abre a janela e eles conversam. Se outro rapaz quisesse abrir a janela e, para isso, procurasse forçá-la, ou gritasse, ou tentasse seduzi-la com suas propostas, a moça rapidamente perceberia que não é seu namorado e se asseguraria de que a janela estivesse bem fechada. Mas se esse outro rapaz fosse esperto, observaria como faz o namorado e agiria da mesma maneira. Ele a chamaria, procuraria imitar sua voz e dizer as mesma palavras. Desta maneira, sim, há o risco de que a moça se confunda e abra a janela. É esta a arte do inimigo na segunda fase do discernimento: tentar de qualquer maneira entrar na alma, no coração, do mesmo modo com que se apresentam os pensamentos e os sentimentos inspirados pelo Espírito Santo. A arte da pessoa espiritual será, então, descobrir as fraudes do inimigo para crescer na vida espiritual em uma cada vez mais plena e madura adesão a Cristo, no modo de pensar, sentir, querer e agir.

2

As tentações

As tentações no seguimento de Cristo, algumas das quais abordaremos agora, diferenciam-se muito das tentações que a pessoa experimenta antes da reconciliação com o Senhor. Na fase precedente, as tentações fazem de tudo para que a pessoa não chegue à experiência real e total do perdão, de modo que lhe falte, assim, a pedra angular da fé. Agora, as tentações estarão todas voltadas para que a pessoa abandone abertamente a estrada empreendida ou, na estrada, volte a ser como era antes. Como se se mudassem a forma e o hábito de vida, mas todo o resto permanecesse imutável. Os famosos oito pecados capitais,[1] sobre os quais se baseiam as tentações no seguimento de Cristo, continuam ativos. O inimigo, contudo, não apresenta mais os vícios do mesmo modo que poderia apresentar a uma pessoa espiritualmente grosseira, ou a um principiante no caminho espiritual. Todas as tentações podem ser reduzidas a esses oito vícios, dos quais a rainha mãe é a "filáucia" (egocentrismo). Agora eles vêm revestidos de uma luz de prática espiritual, de modo que o vício que, por si mesmo, é negativo, é aceito graças à sua "embalagem" positiva, espiritual. O orgulho, por exemplo, pode ser introduzido pelo inimigo por meio do zelo apostólico.

---

[1] Evágrio formulou a famosa lista dos oito pecados capitais (gula, luxúria, avareza, tristeza, ira, preguiça, orgulho e soberba). No Ocidente, essa lista, depois de Cassiano, foi assumida por Gregório Magno e teve grande aceitação com algumas mudanças até que, a partir do século XIII, se estabeleceu a classificação dos sete pecados capitais conhecida no Ocidente. Cf. ŠPIDLÍK, T. *La spiritualità dell'Oriente cristiano*, cit., pp. 219-221.

Nas páginas seguintes, procurarei descrever algumas tentações que, num primeiro momento, poderiam parecer uma única realidade. De fato, minha intenção é justamente esboçar as linhas de algumas tentações e ilusões que em si são muito próximas, pois quero chamar a atenção para o fato de que o caminho espiritual no seguimento de Cristo faz-se refinado, sutil. Por isso, são importantes as matizes, os detalhes. Além disso, é evidente que a filáucia e o amor pela própria vontade são a origem de toda a problemática da vida espiritual.

O CISMA ENTRE FÉ COMO RELAÇÃO E COMO CONTEÚDO[2]

Procuramos, agora, apresentar as maneiras mais freqüentes com que o inimigo busca desviar a pessoa no início do seguimento de Cristo.

O objetivo do inimigo é deter a pessoa em seu caminho e fazê-la concentrar-se novamente sobre si mesma, de modo a voltar à atitude que tinha antes da experiência do perdão e da cura. De todas as maneiras, o inimigo gostaria de tornar vãos o perdão de Deus e a salvação realizada (cf. 2Pd 2,17-22), mas não pode fazê-lo propondo uma forma de egoísmo banal, grosseiro, típico de quem está no início do caminho de purificação. O inimigo sabe que uma pessoa com o coração cheio de ardor por Cristo e por seu amor não está mais disposta a retornar àquilo que era antes de ter acolhido conscientemente a salvação e a vida no Espírito Santo. Sabe que tal empreendimento é praticamente impossível. Por isso, ataca essa pessoa de modo tal a fazê-la voltar a assumir a atitude do pecado — isto é, a pessoa autogestora, apoiada sobre si mesma, preocupada consigo e movida por uma autoafirmação passional —, mas no interior do mundo espiritual, no

---

[2] ORIGENE, *Fragm. In Jo*. IX, GCS 4, p. 490, 24; MACARIO. *Discorsi* 11 e 135, cit. DIADOCO, *Definizioni* 20-21, cit.; *Vita e detti dei padri del deserto*. MORTARI, L. (org.). Vol. I, n. 8. 2. ed. Roma, 1986. p. 85; SOLOV'ĖV, V. *I fondamenti spirituali della vita*. Roma, 1998. pp. 26-35.

2. As tentações

caminho que está fazendo em Cristo. O inimigo a levará pouco a pouco a não estar realmente com Cristo, mas somente pensar que está. Cristo deixará de ser uma pessoa viva, de ser o Senhor e Salvador, e será substituído por um punhado de pensamentos sobre ele, talvez por uma doutrina bem articulada, ou por um intenso sentimento que se pareça com ele. Mas, na verdade, a pessoa encontra-se novamente enclausurada em seu eu e seu Cristo é uma fantasia. O inimigo lhe fará uma espécie de projeção do mundo religioso, mas com uma mentalidade de pecador, de não-salvo, de não-redento. Far-lhe-á parecer viver em Cristo, mas na realidade sem ele, crer sem, de fato, estar em relação com Deus. O inimigo deverá, de qualquer modo, tornar vã a salvação realizada e deixar, no interior da pessoa, uma instalação religiosa, com desejos religiosos, com aspirações de santidade, mas com uma mentalidade de pecado, isto é, como quem vive como se não tivesse encontrado Cristo, desvinculado do amor. Com suas fraudes, o inimigo quer fazer-nos passar do realismo à ilusão, do amor à solidão, da vida ao deserto, de ser redento ao não sê-lo. Seremos, assim, pessoas religiosas sem Deus, ou ainda com um Deus nosso, um Deus reduzido a qualquer coisa que seja cômoda ao velho homem, que se crê e se convence de ser espiritual. Poderíamos chegar a nos convencer completamente de nossa santidade e perfeição, mas sem a conversão. Ou que estamos convertidos, já que mudamos um detalhe de nossa vida. O inimigo fará de tudo para que não estejamos realmente junto ao amor, não nos mostremos ao amor, não nos empenhemos no amor, mas simplesmente pensemos que o fazemos.

O alvo principal do tentador na pessoa espiritual não é agredir a Deus, mas agredir o seu amor. O tentador procurará desvincular a pessoa de um real âmbito espiritual, de uma ontologia da ágape, do amor. Não são muitas, de fato, as tentações sobre Deus: a palavra "Deus" é muito abstrata e presta-se a infinitas manipulações, que podem ir do intelectualismo abstrato ao ritualismo sensorial, psicológico. Por isso, a tentação relacionada a Deus, para ser eficaz, deve atingir aquilo que Deus é verdadeiramente: o amor (cf. 1Jo 4,8). Deus é a comunhão do Pai, do Filho e do Espírito Santo. Esse Deus amor, na história, revela-se como um Deus pascal, isto é, do sacrifício de si, da morte e da ressurreição. O inimigo, então, fará de tudo para que a pessoa desacredite o amor e não creia na verdade e no absoluto do amor. A pessoa não aceitará o caminho do amor, isto é, o caminho pascal, e não acreditará no êxito feliz do sacrifício de si. Deixará, portanto, o caminho de Cristo. Ela pode ser completamente entusiasta da novidade de Cristo, da novidade do amor encontrado, a ponto de falar dele, e falar dele em completa abundância, ampliando-se neste novo mundo, mas sempre à maneira do velho homem. Por isso, a finalidade da ação do inimigo é exatamente desprender do amor. Crer em Deus significa reconhecê-lo assim como ele é, e isso quer dizer amá-lo. Neste êxtase de amor, o homem reconhece Deus em tudo aquilo em que ele se revela. Reconhece sua face, mas também o que essa face diz e comunica. Crer em Deus significa também amar aquilo que Deus diz de si, isto é, o conteúdo da fé. A ação do inimigo terá por objetivo, então, tornar cismáticas essas duas dimensões, na realidade, inseparáveis: a relação diante de Deus e o conteúdo de sua revelação, o crer em Deus e a realidade objetiva, articulada, estruturada da fé. Uma vez separadas essas duas realidades, o tentador nos joga dentro de uma delas: ou nos chama somente a Deus, a Cristo, ao Espírito Santo, em um carismatismo subjetivo, negando qualquer dimensão objetiva, histórica, encarnada da fé, ou reduz a objetividade e o conteúdo da fé aos sistemas de conceitos, de preceitos, das instituições separadas da pessoa viva de Cristo, desprendendo o conteúdo da face. Em ambos os casos, torna-nos não-crentes, pois na realidade já estamos sozinhos, sem uma relação comunial verdadeira, sem aquele estilo de vida e aquela atitude relacional, agápica, que Deus comunica com a consciência de si. O inimigo reduz a fé a uma ideologia segundo a qual é possível gerir a vida com base nos bons propósitos, nos pensamentos elevados, nos valores de alto conteúdo moral. Mas, inevitavelmente, dia após dia, parece mais profunda a fissura entre o

2. As tentações

próprio pensamento e a própria vida. Começamos, assim, a buscar compromissos, rebaixando os pensamentos para adequá-los ao nosso comportamento. E como reduzimos a fé a um mero mundo ideal-moral, começamos a constatar a diferença entre fé e vida. Mas, neste ponto, a fé não entra mais. A vida escorre por meio das relações e a fé é uma afirmação da relacionalidade e da comunhão. Por isso, favorece sempre a vida e a comunhão. Uma fé reduzida à ideologia, ainda que com rótulos muito religiosos, trai-se por sua esterilidade, pois não produz comunhão e não cria a comunidade. Contudo, essa não é a fé no sentido cristão.

Quando o homem é tocado por Deus e atinge a consciência dele como Salvador, Deus comunica também um modo de viver, isto é, a semelhança a ele, como vimos no primeiro volume dedicado ao discernimento. O conhecimento de Deus é transformador, muda a pessoa, pois é uma relação na qual o Espírito Santo age na pessoa e com a pessoa. Conhecemos a Deus, pois ele se relaciona conosco, salva-nos com seu doar-se. E sua doação nos torna semelhantes, pois nos une radicalmente a seu amor. A fé em Deus nos doa um estilo de vida e uma mentalidade que crescem no conhecimento espiritual. Por esse motivo, cresce uma cultura cada vez mais fortemente impregnada do dom recebido. Se, ao contrário, o inimigo conseguir induzir-nos no cisma entre a face e o conteúdo, será cada vez mais grave o divórcio entre o Evangelho e a cultura. A questão cultural é prevalentemente uma questão espiritual, isto é, da vida espiritual.

A SENSUALIDADE[3]

Quando somos aquecidos pelo Senhor, sobretudo durante alguns exercícios espirituais, pode nascer em nós o desejo de fazer

---

[3] DIADOCO, *Definizioni*, 31, 36 e 38, cit.; LOYOLA, I. *Autobiografia* 19-20; EESS 331 e 333; GORAÏNOFF, I. *Serafino di Sarov*. Vita, colloqui con Motovilov, scritti spirituali. Torino, 1981. p. 156; Teofane, o Recluso citado em VALAAM, Caritone de. *L'arte della preghiera*. Torino, 1980. p.130.

algum sacrifício por Deus, para mostrar ao Senhor a grande responsabilidade com a qual aceitamos seu dom, para responder-lhe com mais energia, com maior determinação. Então, podemos escolher também algumas formas de ascese (orações prolongadas, algum jejum, algum sacrifício, alguma renúncia etc.) e verificamos, muitas vezes, que acontecem alegrias espirituais, verdadeiras luzes interiores que consolam. Pouco a pouco, começamos a concentrar atenção sobre esse calor interior, essa luz agradável que satisfaz. Talvez sintamos muita consolação ao determo-nos nessa luz que nos visita durante um determinado exercício espiritual. Aos poucos, os pensamentos que nascem enquanto estamos nesse estado agradável começam a ser mais delineados, mais precisos, giram em torno de um ou dois objetos, um ou dois elementos que se tornam cada vez mais insistentes, que começam a interpelar-nos quase em forma de desafio. Tais pensamentos exigem de nós uma reação, um empenho e escolhas imediatas, a ponto de sermos acompanhados freqüentemente por um certo frenesi da execução. E facilmente começamos a dialogar com eles. O pensamento propõe um desafio, e a pessoa torna-se cada vez mais combativa, desejosa, mas de modo a tornar-se, ela própria, a protagonista da ação que executa. Trata-se de uma passagem refinadíssima: de uma sensação de calor espiritual, de zelo; pouco a pouco, tornamo-nos protagonistas de toda a razão e de toda a luta espiritual: somos nós que estamos empenhando-nos.

O inimigo adota uma tática contrária para as pessoas que possuem um caráter mais frágil, menos criativo e empreendedor. Por meio dessa luz interior, tira a atenção da pessoa, faz-se seguir, inspirando pensamentos de abandono, de calar-se, de não fazer, de não se cansar muito. Fá-las ver o valor da oração, do silêncio, do abandono por meio de um estado agradável que nasce com esses pensamentos. Pouco a pouco, a própria pessoa decide que não há sentido na luta espiritual, que não serve mais, que basta apenas gozar a salvação. O inimigo consegue iludi-la, mostrando que o bem-estar alcançado é suficiente. Tais pessoas, de fato, não percebem que, pouco a pouco, estão cedendo a um pensamento que, na realidade, não é mais espiritual. Esse fenômeno acontece porque, quando o coração é aquecido e inflamado pelo Senhor, ambos os espíritos podem "soprar sobre o fogo", mas cada um com o seu próprio intuito: um para nos atar ainda mais a Cristo e colher seus frutos na vida, o outro para nos distanciar dele, para fazer com que nos encontremos novamente a sós, apegados a nós mesmos, a serviço da nossa vontade.

Praticar um exercício espiritual, isto é, orar, participar da liturgia, dar esmolas, são realidades que são executadas com atenção e sobriedade, pois no início de um caminho espiritual há o risco de começarmos a praticar esses exercícios mais por seus efeitos psicológicos imediatos do que pela relação com Deus. E quando começamos a buscar o calor, o bem-estar, a doçura, a paz nas orações e nos exercícios que fazemos, o inimigo é hábil para entrar pela porta de nossas expectativas e para atender aos nossos desejos, apresentando-nos imagens de nós mesmos, da nossa vida espiritual, de Deus, dos santos, toda uma imaginação saborosa que alimenta os afetos, os sentimentos, e que ocupa a nossa mente com o objetivo de vender-nos, assim, os seus pensamentos e fazer-nos começar a pensar de acordo com a sua maneira. Já que estamos tão apaixonados por alguns efeitos psicológicos do caminho espiritual e os esperamos sempre, o inimigo os arranja de maneira a cooptar nossa atenção para depois, pouco a pouco, nos dirigir à sua verdadeira intenção.

Quem segue pelo caminho da *sequela Christi* deve ter bem claro que nenhum exercício de devoção espiritual tem peso em si mesmo, mas é apenas um meio para adquirir a vida de Deus, o Espírito Santo, e para reforçar o amor por ele. Não convém, portanto, entusiasmarmo-nos muito com nenhuma das modalidades do caminho espiritual, mas, sim, permanecermos sóbrios. E o que fazer com a imaginação como tal? Muitos mestres espirituais, justamente pela fraude que pode esconder-se por detrás de uma imaginação rica e saborosa, sugeriram um caminho espiritual sem imagens e sem imaginação. Basta pensar em Evágrio Pôntico ou, no Ocidente, na escola dos oradores do Carmelo. Essa eliminação da imaginação é uma tentativa de salvaguardar a pessoa das fraudes já descritas. Mas existem muitos outros autores espirituais que, ao contrário, não eliminaram a imaginação, mas nos sugeriram como verificá-la para evitar as armadilhas do inimigo (por exemplo, Diádoco ou Inácio de Loyola).

Como fazer essa verificação? É importante estarmos atentos ao processo dos pensamentos e dos sentimentos nas orações e nos momentos espirituais de grande calor e intensidade. Se o pensamento no início, durante e no final permanecer um pensamento evangélico voltado para o Senhor, para nos tornar mais cristoformes, para lhe dar preferência, para nos abrir mais a ele, então o calor e a luz são espirituais. Do mesmo modo, observa-se o sentimento: se no início, durante e ao fim nos dirigirmos ao Senhor e nos inflamarmos por ele assim como o Senhor é apresentado pela Palavra de Deus e pela Igreja, então os pensamentos que acompanham tais sentimentos são espirituais. Mas se descobrirmos que o pensamento começa a voltar-se para nós mesmos, suscitando preocupações ou mesmo fazendo nascer em nós um protagonismo ou, pelo contrário, uma entrega agradável, uma espécie de ócio espiritual, então se trata evidentemente de uma imaginação incitada pelo inimigo. É conveniente verificar os pensamentos, dirigindo-lhes respostas precisas e breves, como que retrucando. É o método que os santos padres chamavam de "antirrhésis" (contradição), seguindo o exemplo de Jesus que, tentado pelo demônio, responde citando as Escrituras, sem entrar em discussão com o Maligno (cf. Lc 4,1-12). Entretanto, aquilo que se responde deve ser absolutamente orientado para Cristo, deve tê-lo como objeto, dizer respeito a ele. É preciso fazer ver na resposta que o inimigo não é capaz de nos dar nenhuma das coisas que foram doadas aos homens pela morte e ressurreição de Cristo. É preciso responder de maneira que o inimigo perceba que não é capaz de proporcionar-nos tal coisa. Ou mesmo, fazendo ver que a nós não interessa nada além do que a forte união com o Cristo do mistério da paixão e da ressurreição. Respondendo assim, os pensamentos revelam-se em sua realidade.

O objetivo dessa verificação dos pensamentos e dos sentimentos é o de sermos mais autênticos na relação com Cristo. Vencem-se as ilusões e as imaginações falsas com o realismo da relação com ele.

O inimigo serve-se, portanto, de uma imaginação que tem por objeto as coisas de Deus, as coisas santas, as pessoas santas, ou até nós mesmos, nosso futuro espiritual, com o objetivo de suscitar em nós convicções e pensamentos que nos tornem protagonistas "sensuais" da vida espiritual — tão desejosos, sobretudo, desta satisfação — ou mesmo contentes de estar nesse caminho tão satisfatório, ou nos fazer sentir que já alcançamos o final desta estrada, já que provamos sentimentos assim tão fortes. Sob a influência do inimigo, podemos começar a nos imaginar em certas práticas espirituais ou nas vocações religiosas de maneira completamente mundana, isto é, sensual. Podemos nos imaginar profundamente espirituais, mas com muitas satisfações e prazeres, na total ausência de sofrimentos, dores, fracassos, isto é, fora de qualquer realismo cristão. A certas pessoas o inimigo pode, ao contrário, suscitar grandes satisfações justamente se imaginando vítimas, perseguidas, sofredoras etc. Em todo caso, a conclusão é sempre a mesma: em meio à busca do prazer, da satisfação, do sensual no interior de um exercício espiritual, a pessoa torna-se protagonistas da própria vida, mesmo da vida espiritual.

O APEGO À PRÓPRIA MISSÃO[4]

Às pessoas que progridem no caminho no seguimento do Senhor, o inimigo estenderá suas armadilhas sob a aparência do zelo, de modo que a pessoa se concentre cada vez mais no bem que faz, na missão que tem, na obra que desenvolve. O inimigo atrai sua atenção para o sucesso que vive no serviço do Senhor.

---

[4] Gaza, Doroteo di. *Vita di san Dositeo*. Roma, 1980; Idem. *Insegnameti spirituali*. 5, 66, ibidem.

Assim, pouco a pouco, sem que perceba, a pessoa começa a sentir que o serviço que presta é importante e começa a se ligar a ele, sente-se responsável, a ponto de não poder deixar de fazê-lo. Então, começa progressivamente a emergir uma devoção que, à primeira vista, se parece com a própria missão e ao bem que a pessoa sente que "precisa" continuar a fazer, mas, na realidade, trata-se de uma devoção à satisfação, ao prazer que provém da obra que se desenvolve. É também esta uma forma de sensualidade, de filáucia. A pessoa defende com afinco o bem que faz por um idealismo moralista que pode também vir por meio de frases de total disponibilidade, por meio de um comportamento de obediência quase exemplar, mas, na realidade, quando não se procede como ela pensa e quer, começa a se sentir mal. Esse mal-estar despontaria, portanto, também se a pessoa continuasse sua obra com seu zelo típico. Pois, cedo ou tarde, emergiria a verdade da filáucia e da devoção passional, sensual ao sucesso, à satisfação, ao protagonismo. Freqüentemente se começa a buscar pontos de apoio para a sustentação e justificação de sua atividade. Esses pontos de apoio baseiam-se, quase todos, na vertente do bem que se fez, do sucesso que se teve, o que demonstra ainda mais a fraude à qual o inimigo induziu a pessoa.

Se possuir um caráter forte, a pessoa facilmente chegará a sentir-se indispensável aos outros e, em um equívoco profundo, indispensável também a Deus, à sua obra. Como se vê, o inimigo consegue, em meio ao bem, ofuscar o bem unindo-o à necessidade de satisfação, de aprovação, portanto de uma preocupação consigo mesmo e, pouco a pouco, faz escapar o olhar da pessoa ao Senhor, em meio às próprias obras, para si mesma. O tentador consegue fazer, sim, com que a pessoa, em pleno zelo pelo Senhor e por seu serviço, esteja continuamente atenta a si mesma, a como se sente, ao que prova, a como é aceita, a como está satisfeita etc. Aparentemente o zelo é para o Senhor, mas, na realidade, ele é vivido com um comportamento e uma mentalidade de pecado, isto é, de velho homem, que ainda não foi salvo e que ainda deve meritar-se a atenção.

2. As tentações

Acontece que a pessoa que dá os primeiros passos na seqüela de Cristo alcança um certo conhecimento de Deus e, impulsionada pelo zelo apostólico, busca comunicá-lo e ensiná-lo aos outros. É também aqui que se insere a ação do inimigo que faz com que a pessoa, de modo prematuro, busque comunicar os conhecimentos espirituais. O inimigo instiga a pressa, de modo que a pessoa, por certo tempo, carregue esses conhecimentos como em uma gestação, escondido, orando, ruminando e amando essas realidades espirituais, mas as comunique e os ensine aos outros de modo abortivo, apressado. O inimigo faz com que a pessoa assuma um papel que é prisão. A pessoa, de fato, convence-se de ser capaz de iluminar espiritualmente, mas a partir daquele momento não consegue dar a si mesma o menor conselho espiritual, pois o inimigo a induziu a uma falsa compreensão de si mesma. Chega-se, assim, a um equívoco profundo na compreensão que esta pessoa tem de si. O inimigo a induziu, em meio ao bem e à pressa, a ter de si uma imagem e uma idéia que são confirmadas pelas pessoas para as quais sente que foi enviada. Assim, pode dar conselhos com base naquela imagem que aceitou de si, que, contudo, não é a sua verdade. Além disso, a pessoa começa a ficar mal, pois tem início uma degradação da vida espiritual, uma vida segundo ilusões; o inimigo faz de tudo para que a pessoa não redescubra sua verdade diante de Deus. Mas a fraude é clara, pois ela se sente incompreendida justamente pelas pessoas mais próximas, culpadas, em seu julgamento, por não compreenderem sua grandeza, seu preparo, seus dons, isto é, por não verem-na como a tentação a fez crer que seja. Essa discrepância evidenciada pelas relações revela a fraude.

Poderia acontecer exatamente o contrário, como freqüentemente acontecia com os santos que eram verdadeiros mestres da vida espiritual, procurados por muitos, com longas filas de espera para um colóquio, mas os irmãos mais próximos os ofendiam. Mas a verdade deste estado espiritual manifesta-se no comportamento pascal da pessoa, que entra no sofrimento sabendo que a Páscoa não se prepara sozinha, mas sempre a preparam os mais próximos. Esses santos, de fato, reforçavam-se na fé com o Senhor, que lhes mandava o Consolador não apenas para que morressem, mas também para que ressuscitassem como pessoas de paz e de faces misericordiosas.

SENTIR-SE JUSTICEIRO DE DEUS[5]

Quando aderimos a Cristo de modo tão radical, é possível que nossa atenção se concentre sobre um comportamento específico ou um modo de pensar. Por exemplo: a obediência, a castidade, algumas práticas concretas, ou mesmo uma escola teológico-espiritual... Como se quiséssemos, em meio a isso, exprimir nossa vontade de seguir ao Senhor. Talvez experimentamos verdadeiramente tal comportamento ou pensamento como uma graça particular. O inimigo aproveita-se disso e começa a atrair nossa atenção para atitudes, pensamentos e comportamentos de outros que são gritantemente diferentes dos nossos. E a partir do momento em que vivemos esse comportamento como que estreitamente ligado à adesão a Deus, começamos a pensar que aqueles que não fazem ou não pensam como nós não vivem, por conseqüência, uma vida espiritual. Sem que percebamos, inicia-se uma espécie de atitude de "guerra santa" nos confrontos com aqueles que não vivem de acordo com o que julgamos devido. O inimigo terá conseguido, assim, fazer com que nos tornemos critério de julgamento de quem vive ou não vive a fé, de como se vive ou não se vive a adesão ao Senhor, enunciadores de sentenças prevalentemente ético-morais sobre fundo religioso de tudo aquilo que acontece sob nosso olhar. Quando o inimigo endurece as pessoas, aproveitando-se de sua sensibi-

---

[5] GAZA, Doroteo di. *Insegnamenti spirituali*, 5, 61-68, ed. italiana 1979, pp. 105-114 e 6, 71, 74, 75, 77, pp. 117, 120, 121, 123, 124; *Vita e detti dei padri del deserto*, cit., I, p. 271, n. 2 e II, p. 99, n. 64; MÁXIMO CONFESSOR. *Sulla carità*. II Centuria 49, III Centuria 39, 54-55, 84. In: *Filocalia*, II, cit.; LOYOLA, Inácio de. *Autobiografia* 15, cit.

2. As tentações

lidade para o julgamento moral sobre comportamento e pensamento, as induz, pois, a uma espécie de sentimento de reparação: neste ponto, dedicam-se à oração, às longas vigílias, à penitência por aqueles que não possuem, no seu parecer, as atitudes e os pensamentos corretos. Contudo, estranhamente, apesar das orações, seu veredicto é irrepreensível, não muda. Ou melhor, o inimigo, brincando com o caráter, pode também tornar mais premente a sua ação, de maneira que quem cedeu à tentação acaba chorando nas orações pelos erros dos outros, de tal modo que seu comportamento torna-se "justiceiro" e não mais capaz de falar dos acontecimentos da vida, daquilo que acontece no mundo, ou expressar um simples parecer sobre os outros sem que apareça esta sua tendência. Uma pessoa assim fala sempre como se o fizesse *ex cathedra*, com uma certeza irremovível, sem perceber o peso danoso de suas palavras. O inimigo, portanto, terá conseguido deslocá-la de uma atenção espiritual para um comportamento que de espiritual não possui mais nada, pois a humildade foi traída, foi traído o amor. Todavia, as passagens desse deslize de consciência não foram banais. Foram sempre envolvidas em um misticismo de reparação, de compaixão, de dor pelo mundo. Contudo, esse "mundo" foi reduzido a um grupo específico, a uma zona restrita, ou mesmo permaneceu completamente abstrato, pois a pessoa é escrava de um julgamento absolutamente cego, completamente desprendido da misericórdia e do amor e, portanto, fecharam-se as portas para a relação com Deus e com os outros. Trata-se de um mecanismo muito freqüente do tentador, sobretudo no nosso âmbito cultural, em que o componente ético-moral sempre foi forte.

Entretanto, é freqüente esse outro mecanismo que muitas vezes age com aquele que foi agora descrito. Quem acaba de encaminhar-se para uma adesão radical a Cristo, entusiasma-se muito por um alicerce intelectual, por uma estrutura de pensamento que se liga estreitamente ao caminho em direção ao Senhor. Como antes o inimigo conseguia apresentar a quem se esforça para ser espiritual uma determinada atitude ou comportamento como indispensável, absolutamente necessário, índice da totalidade do verdadeiro, de modo que quem não o possui daquela forma específica está longe do agir correto do cristão, agora, consegue isolar algumas verdades em formulações verbais, conceituais ou formais precisas e fazer delas algo absolutamente indispensável, uma condição para qualquer passo real na fé. O inimigo age concentrando a atenção sobre alguns detalhes, fazendo perder de vista o todo. A pessoa começa a avaliar, com base em fragmentos — que, contudo, considera como o todo —, o modo de falar e de pensar de todos.

Acontece, assim, uma verdadeira ideologização da fé, sem que nem mesmo percebamos o quão velozmente ocorreu o cisma entre a pessoa de Cristo e sua doutrina. O inimigo terá conseguido, portanto, separar a doutrina de Cristo do amor, e apresentá-la como algo, em si, distinto. Se a ama, é preciso lutar por ela, ou melhor, em nome dessa doutrina. Trata-se evidentemente de um refinado jogo para separar a fé do amor. O tentador faz com que a pessoa se sinta zelosa, muito religiosa, próxima de Cristo e, justamente por essa proximidade a ele, que sinta o dever de lutar em nome de certo ensinamento, de certa idéia. Lutar por Cristo, mas não à maneira de Cristo. As idéias tornam-se de tal modo idolatria que, neste caminho, pode-se chegar a confundir a fé com uma corrente de pensamento específica, com uma dada escola, com um método específico absoluto, perdendo, assim, a real ligação com o Cristo Salvador dos homens, sem mais nenhuma experiência viva do amor que salva e, todavia, julgando-se de Cristo e empenhado na obra de salvação. O inimigo consegue, assim, brincar tanto com a pessoa até fazê-la considerar uma idéia sobre Cristo mais importante que o próprio Cristo, mais importante que as pessoas e que suas vidas.

Deste modo, o tentador consegue fragmentar o horizonte do cristão e sua própria vida, determinando uma verdadeira desintegração das virtudes, não apenas no nível de sua prática, mas até mesmo de sua concessão. A pessoa é capaz de defender os valores de certo setor da vida moral e violá-los grosseiramente em outro campo, sem nem ao menos perceber. Ou melhor, é difícil que o perceba, pois o valor que defende atingiu uma dimensão tão totalizadora da relação com Deus a ponto de fazê-la sentir-se no caminho certo, justificada, verdadeiramente digna. E sabemos que quando alguém se sente digno é difícil que perceba sua necessidade de crescimento, pois se inicia a lógica do "devido".

Assim, o inimigo consegue fazer esquecer a autenticidade da redenção experimentada, pois a pessoa que mantém viva a salvação operada em si possui uma constante atitude de humildade, uma vez que não consegue se esquecer de onde o Senhor a tirou, tanto no que diz respeito aos comportamentos quanto à mentalidade. Mantém a lembrança da vinda do Senhor para redimi-la, possui um conatural olhar benévolo diante dos outros, pois sabe que se os outros tivessem recebido as graças que ela recebeu, estariam já muito além na vida espiritual. A pessoa tem presente a escuridão na qual estava, a escuridão da mente e do agir, dos comportamentos concretos, e sabe que recebeu uma graça, um dom gratuito, uma luz à qual ela só pode responder. Por isso, olha com amor e ternura quem ainda se debate na escuridão, no frio.

PENSAMENTOS CONDIZENTES COM A PSIQUE[6]

Com as pessoas que tiveram um encontro mais forte, mais intenso e mais total com Deus, que se encaminham com muita decisão e conseguem também conservar a memória do amor de Deus com mais facilidade, o inimigo opera de maneira mais refinada, já que não consegue vencê-las com propostas banais, como nos primeiros dois exemplos. Com essas pessoas, o inimigo usa sua arte de disfarçar-se, agindo, porém, na psique. Propõe pensamentos conforme a pessoa: a quem é devoto inspira,

---

[6] MÁCARIO. *Discorsi* 147, cit.; MÁXIMO CONFESSOR. *Ad Thalassium, Praeff.*, PG 90, 257B; EESS 332; HAUSHERR, I. *Philautía. Dall'amore di sé alla caritá*, citt., pp. 81-150; ŠPIDLÍK, T. *La spiritualità dell'Oriente cristiano*, cit., pp. 96-98.

por exemplo, pensamentos devotos, a quem é corajoso, pensamentos corajosos, a quem é generoso, pensamentos generosos etc. No interior desse mesmo mundo espiritual religioso, o inimigo consegue fingir orar com quem ora, jejuar com quem jejua, fazer caridade com quem dá esmolas, para atrair a atenção, entrar pelas portas da pessoa e depois fazê-la ir para onde quer levá-la. Há, de fato, uma estreita relação entre a psique e a ação do espírito, tanto do espírito bom quanto do da tentação. A pessoa, de fato, é também a sua história, a memória, a educação recebida, sua cultura, até a natureza e o contexto geográfico no qual cresceu. Nós compreendemos, percebemos, pensamos, sentimos, intuímos com tudo aquilo que somos. E somos, por um lado, a nossa história, a hereditariedade recebida, e por outro as aspirações, os desejos, os impulsos à nossa transformação. Aqui se vê com clareza que não é o intelecto que pensa, o raciocínio que raciocina, mas é a pessoa, o ser humano como tal que pensa, percebe, sente, deseja, projeta e responde. Vale a pena, então, ter uma boa consciência de si, das estratificações na nossa memória psicológica, em seus pontos mais ativos, mais fortes, mais aflitos e sensíveis, para estarmos mais atentos aos pensamentos que surgem, nos quais podemos prender-nos, a quais experiências ou a quais partes do caráter podemos estar condicionados, para que possamos ser mais cautelosos, prudentes e perspicazes ao avaliarmos os pensamentos.

Para a vida espiritual, é importante saber que o Espírito age por meio de toda a nossa pessoa, leva em consideração toda a nossa história, nossa estrutura psicossomática. O Espírito Santo conhece nosso mundo melhor do que nós mesmos, seja o do espírito, seja o da psique e do corpo. O espírito da tentação conhece o mundo interior, e o leva em consideração. Como os poderes espirituais consideram aquilo que é concreto e agem sempre em meio a essa nossa concretude, é necessário que também nós conheçamos a nós mesmos, para levar isso em conta no diálogo com o Espírito Santo e para desmascarar as fraudes das tentações. Para a lógica do espírito, uma ilusão dramática é certamente pensar que é necessário sistematizar-se psiquicamente para poder viver espiritualmente. O Espírito Santo fala às pessoas concretas e Cristo salva as pessoas concretas. Deus não ama os fantasmas e as nossas projeções idealistas, expropriando e exilando-nos de nossa verdade e de nossa realidade.

A psicologia nos ajuda justamente nessa compreensão de nós mesmos, de nossa história, das interações interiores de nosso mundo psicossomático. Pode, certamente, favorecer muitas das nossas reações, tornando-as mais pacíficas, educadas, menos dramáticas, mas isso não significa que nos tornamos automaticamente mais espirituais. Podemos alcançar certa tranqüilidade psicológica, mas nem por isso crescer na fé, no amor e no zelo por Cristo. Somente uma psicologia que acompanha o ser humano em direção ao mistério íntegro de sua pessoa sem excluir a fundamentação — tanto da pessoa quanto da psicologia — no mundo do Espírito é uma psicologia que pode ser verdadeiramente útil ao amadurecimento espiritual. Além disso, um conhecimento do mundo espiritual nos liberta desse idealismo formal redutivo que nos pode induzir a um psicologismo unilateral. De fato, uma espécie de reducionismo psicológico, que insiste no bem-estar da pessoa, não consegue valorizar o sofrimento, a dor, a imperfeição. Ao dar uma explicação racional a todo custo, buscando evitar os confrontos, as diferenças etc., pode-se iludir com uma vida humana ajustada, gerida de modo a não ter que sofrer, renunciar, tomar consciência da imperfeição, da fragilidade. A lógica do Espírito vê de forma correta aquilo que vemos torto, claro aquilo que percebemos opaco e consegue integrar também um sofrimento psicológico transformando-o em um valor espiritual. Nunca devemos nos esquecer de que o princípio vital para o corpo é a alma, e para a alma, o espírito. E para o espírito é o Espírito Santo. A força e o âmbito da integração são, portanto, o mundo do espírito que alcança o nosso cerne. Por isso, é necessário termos uma consciência do mundo espiritual ao menos tão profunda e perspicaz quanto aquela que temos do mundo corpóreo e psíquico, pois é preciso conhecer a arte por meio da qual percebemos como o Espírito adentra no nosso mundo psicossomático, quais são as resistências e como podemos favorecer nossa maior disposição. O objetivo de tal processo é a cristoformidade pela qual o Espírito Santo move qualquer pessoa. E a cristoformidade não é uma questão de clareza de formas, mas um mistério da ágape, portanto um mistério da trindade pascal. Somente o Espírito Santo conhece como se está realizando o evento do amor de Deus inclusive nas pessoas extremamente sofridas e perturbadas. Um pouco de conhecimento desse mistério é concedido às pessoas espirituais, já que somente os espirituais podem julgar as coisas espirituais. O conhecimento da psicologia não pode, portanto, substituir o da espiritualidade, mas um diálogo recíproco entre ambos, na correta hierarquia, ilumina o mistério da pessoa.

É preciso estarmos conscientes, como já recordamos, de que o inimigo não pode vencer quem é muito determinado na vida espiritual senão entrando intimamente no cerne dos caracteres da pessoa, antes escolhendo aqueles mais apropriados, aos quais mais se detém, por um motivo ou outro. E como o caminho é orientado a Cristo, é óbvio que a pessoa lê os pensamentos sob a ótica de seu caminho espiritual. Isso quer dizer que os pensamentos inspirados pelo maligno não poderão ser formalmente julgados como negativos ou ambíguos, ou até mesmo como tentações explícitas, pois o inimigo falará de acordo com a pessoa e com seus ideais espirituais. Aqui está a luta da segunda fase do discernimento. Os pensamentos terão por objetivo exatamente aquilo que a pessoa predetermina em seu caminho em Cristo. Por exemplo, a quem é cheio de zelo apostólico, o inimigo não sugerirá um pensamento preguiçoso, desleixado: fechar-se em casa, cuidar das próprias coisas etc. O inimigo sabe que a pessoa não dará atenção a essas sugestões. Mas lhe inspirará o pensamento de oferecer-se ao bispo para a missão, de entrar em uma ordem missionária bem radical, de desfrutar todo tempo livre para visitar pessoas, para falar de Cristo, da salvação. Somente uma coisa do gênero poderia ser aceita por uma pessoa assim.

2. As tentações

Aos outros, o inimigo sugerirá o desejo de fazer-se de vítimas expiatórias, ou mesmo fechar-se em um eremitério, de ser rejeitado por todos, e assim por diante.

Mas, não se tratando da vontade de Deus, também o pensamento aparentemente santo, uma vez aceito, faz com que a pessoa escorregue no nível de qualidade da vida espiritual e, em certos casos, pode descobrir que já está em um caminho errado, um caminho que não é para ela, mesmo que, em si, seja bom. Sobre esse caminho a pessoa seguirá o Senhor com mais dificuldade e cumprirá com maior cansaço o seu querer, até, talvez, perder-se diante da própria vontade.

Na segunda fase do discernimento, isto é, no caminho sobre como seguir o Senhor, como saber escolher no cotidiano uma vida segundo ele, essa astúcia do inimigo é a mais freqüente para aqueles que seguem a vida espiritual. Normalmente, as pessoas não conseguem nem mesmo dar-se conta de que estão seguindo um "pensamento-armadilha". Ou melhor, como o sentem atado à própria pele, abraçam-no com zelo, com a determinação que as caracteriza. O indício de que se trata de uma verdadeira armadilha é dado freqüentemente por uma obstinação com aquele pensamento. Mas a obstinação é um sintoma da doença espiritual chamada "filáucia", o amor de si, que freqüentemente tem a forma do amor à própria vontade. De fato, alguns dão-se conta da armadilha justamente quando dizem em voz alta, ou mesmo formulam na oração: "este pensamento sinto-o como meu", "este projeto é para mim, sinto-o à minha medida", "esta realidade me agrada por demais, sinto-a como minha", "esta é uma escolha minha"... É justamente esse "meu" tão calcado que deve provocar suspeitas em uma pessoa espiritual, que sabe bem que se uma coisa lhe agrada ou não lhe agrada, se a sente como sua ou não, pouco importa. Também a excessiva defesa de um pensamento é normalmente um indício de que se trata de uma armadilha. Muitos autores espirituais antigos ficavam atentos à obstinação por um pensamento e sua defesa a todo custo, sempre com características sacrossantas, talvez se apoiando totalmente em palavras da

Escritura ou da Igreja. Definiam esta atitude de *dikaioma*, a tentativa de autojustificar-se para dar-se a ilusão de estar no caminho correto, e consideravam-na, também, um indício de filáucia. Eu, na verdade, defendo esse pensamento, pois não é de Deus, o inimigo agita-me para render-me por meio dele, pois sabe que de outra forma não cairei, já que não é um pensamento vital. Como é um pensamento meu, se não o defender, ninguém o defenderá. Por isso devemos tomar cuidado.

Contudo, o sinal mais revelador de uma armadilha é aquele que, enquanto se cultivam tais pensamentos ou se exprimem tais pensamentos ao longo do percurso, indica que o olhar permanece fundamentalmente orientado para nós mesmos e que nossa preocupação torna-se um projeto nosso, um pensamento nosso. Em primeiro lugar, não há mais Deus com sua graça, sua ação, sua vontade, que quer que tudo seja realizado no amor, um amor que se realiza na Páscoa. O inimigo, de fato, é capaz também de inspirar um pensamento assim. Mas conseguimos reconhecer-lhe a verdadeira natureza quando, ao repeti-lo, pensá-lo, orar por ele, descobrimo-nos com o olhar sobre nós mesmos, sobre a nossa auto-afirmação, sobre a preocupação com nós mesmos. Ao favorecermos, também, um pensamento aparentemente espiritual, orientado em Cristo, para o bem de muitos, começamos a elaborá-lo cada vez mais isolados dos outros, de seu próprio contexto e de Cristo. E mesmo que percebamos tal pensamento como se fosse verdadeiramente feito por nós, na realidade, observando-lhe repetidamente o percurso, repensando-o, acabamos por não abraçar globalmente o nosso conjunto, mas começamos a amplificar uma dimensão nossa. O mesmo também em relação a Cristo e aos outros. Acabamos por não conseguir mais manter uma relação harmônica, um olhar do todo, e começamos a apoiar-nos sobre algo que, em si, é de Cristo ou para o bem dos outros, mas que, pouco a pouco, se esquece daquilo que os outros têm realmente necessidade ou daquilo que caracteriza essencialmente Cristo.

O exagero é sempre um ataque à unidade, à harmonia, à beleza. E quando a harmonia é atacada, sentimos isso no coração. O coração, na verdade, é o órgão que conserva o conjunto, a totalidade, a beleza da pessoa. Os pensamentos inspirados de acordo com uma alma, que pouco a pouco se revelam pensamentos de amor pela própria vontade e rompem a harmonia, traem a própria pessoa. Os padres diziam que o *philautos*, o amante de si mesmo, é "amigo de si contra si mesmo". Assim, acabamos longe do amor, ocupando-nos de nós mesmos. Então, um critério de verificação séria é o do coração, desse órgão atento ao conjunto. É como se alguém desenhasse uma figura feminina em que cada detalhe do corpo fosse elaborado com precisão, elegância, mas cada um pertencesse a uma mulher de idade diferente: o rosto é de uma moça, as mãos, de uma mulher adulta, e assim por diante... O detalhe, em si, pode ser belo, mas não faz parte do todo, não é daquela pessoa.

É preciso observar os pensamentos que nascem durante as orações, no decorrer das nossas práticas espirituais, para ver seu desenvolvimento e verificar se, verdadeiramente, permanecem sempre com a mesma qualidade, sempre inseridos na globalidade, no conjunto, ou se se pervertem decaindo no isolamento, na expropriação, conseqüências típicas de uma vida que segue a própria vontade. No início, o amor à própria vontade nos faz pensar que teremos um ganho, que conquistaremos algo. Mas acaba sempre em uma expropriação, em um exílio, em uma escravidão semelhante à do filho pródigo, que se encontra apascentando os porcos e passando fome. O amor, segundo Solov'ëv, é a única realidade absoluta e pessoal, pois une tudo o que existe. Amar-se significa ver-se na globalidade, como individualidade e parte da humanidade. Amar-se significa ver as ligações que unem as diversas dimensões, as diferentes etapas de minha história e que me unem às outras pessoas. O amor próprio, que se apresenta ao ser humano com pensamentos urgentes de amor por si e dos benefícios que se extrai, termina exatamente no oposto daquilo que é o amor, isto é, no isolamento, na fragmentação, nos quais não se consegue entrever os laços vitais que criam aquela unidade que é a única capaz de suscitar a felicidade.

Às pessoas com uma psique mais ferida ou mais vulnerável, o inimigo continua a lembrar as próprias fraquezas, a própria fragilidade e incapacidade. O inimigo pode utilizar-se de todos os meios possíveis para manter a atenção dessa pessoa fixa nos próprios pecados, mesmo que ela tenha vivido uma verdadeira reconciliação com o Senhor na Igreja, uma reconciliação, portanto, também com os homens, com a comunidade. Mas uma força obscura a faz concentrar-se continuamente nos próprios pecados, mostra-os em toda a sua feiúra e gravidade, para incitá-la cada vez mais na desolação e no desencorajamento. O inimigo pode jogar também com a carta de uma falsa humildade, induzindo a pessoa a uma verdadeira soberba, fazendo-a dar mais importância aos próprios sentimentos, às próprias sensações do que à Igreja que, orando por ela, afirmou explicitamente que lhe foram perdoados os pecados. Por motivos aparentemente espirituais, como a humildade, o sentir-se inferior, a pessoa acaba por dar mais importância a si do que a Cristo na Igreja. O inimigo quer, na verdade, que a pessoa ocupe-se do mal de maneira distorcida. Muitos mestres espirituais aconselham a lembrança do pecado, mas com aquela atitude de *penthos* da qual já falamos, isto é, com aquela memória que se lembra dos pecados assumidos pelo Senhor, que se transformam, assim, em uma memória daquele que os perdoou. Com essa memória, a pessoa conserva a atitude de humildade sincera que a torna amável e próxima de Deus. O tentador, pelo contrário, fará de tudo para que a pessoa ocupe-se do mal de modo sensual, isto é, praticamente gozando-o, mesmo que em lágrimas. E se a pessoa chega a concluir que não é digna de servir ao Senhor, de estar com ele, de abraçar uma escolha definitiva na vida, permanece em uma afirmação da própria vontade, que é um ato destrutivo e perigoso. A tentação, ao lembrar os pecados e sofrimentos infligidos ou repentinos, freqüentemente enxerta um dinamismo doentio nas relações entre essa pessoa e quem, de alguma maneira, apresenta esses pecados e sofrimentos. A pessoa pode, em si, chorar sentindo-se indigna, mas, na verdade, ainda está acusando os outros, ainda está ali com o dedo em riste. Ao esvaziar o significado do perdão, o inimigo pouco a pouco faz aflorar uma realidade não perdoada. A pessoa não sente o perdão nem de Deus, nem de si, nem dos outros, nem em si, nem nos outros.

A TENTAÇÃO DE UMA FALSA PERFEIÇÃO[7]

Uma outra tentação freqüente é a da falsa perfeição. O inimigo pode colocar em ação o seguinte jogo: tentar as pessoas a fim de que pensem que podem superar, vencer, fazendo-as crer serem boas lutadoras, que sabem vencer as seduções, sabem superar as dificuldades. Cai-se, então, na armadilha mais perigosa: a soberba espiritual. Não são as pessoas que conseguem vencer o príncipe das trevas, mas somente Deus o vence; é o Espírito Santo que nos comunica a força do Senhor da luz para dissolver as trevas e vencer as fraudes do tentador.

A quem suporta bem a luta espiritual e consegue viver a relação com Cristo com muita alegria, fortes sabores, zelo, entusiasmo, graça e até sensibilidade, o inimigo pode fazer crer que este rico estado da alma seja um mérito, o fruto da própria arte e do próprio empenho, da própria retidão e bravura. Trata-se de uma passagem sutil: o inimigo, no início, se deixa vencer em algumas tentações, de modo que a pessoa comece a sentir-se forte, capaz. Depois, segundo uma passagem psíquica bastante conhecida, induz a pessoa a pensar que, como é capaz, sabe fazer, empenha-se, então é o Senhor que lhe dá esta alegria, este entusiasmo, este zelo. Em seguida ela deduz: é óbvio que me sinto assim, pois sou assim, mereço-o. Eu dou, por isso recebo.

---

[7] MACÁRIO. *Discorsi* 110 e 115, cit.; MÁXIMO CONFESSOR. *Sulla carità*. II Centuria, 46; III Centuria 48, 75, cit. LOIOLA, Inácio de. *Constituições*, exame geral, n. 101, EESS 322; ARQUIMANDRITA SOFRÔNIO. *Silvano del Monte Athos. La vita, la dottrina, gli scritti*. Torino, 1978. pp. 127-129.

Vence, então, a lógica comercial, uma lógica de satisfação, que é fundamentalmente auto-satisfação. A pessoa começa a achar que praticamente alcançou a sabedoria espiritual, que merece gozar os frutos da vida espiritual. Começa a considerar-se perfeita, isto é, que é como se deve ser e que por isso experimenta as alegrias espirituais próprias daquele estado.

Essa pessoa é, de alguma maneira, perturbada pelos outros e, de modo indireto, pela própria memória. Pode acontecer que, de repente, ela se lembre de alguém que tem alguma coisa contra ela, ou de uma relação não-harmônica, e em seguida comece a sentir-se mal, a repensar os nós da relação, mas evidentemente atribuindo evidentemente o cansaço e o mal-estar aos outros. Pois ela não pode ser colocada em questão, já que é justa. Então começa a luta com esse pensamento, excogitar como ordenar aquela pessoa, como repreendê-la, corrigi-la e assim por diante.

O ponto mais triste é certamente a relação com aqueles dos quais sofreu alguma injustiça. É justamente essa injustiça que continuamente retorna à mente e queima como uma grande ofensa, pois é uma ofensa a uma pessoa de grande valor, de grande espessura espiritual. Mas como a fé ensina que é preciso perdoar, então podemos chegar a afirmar que oramos muito — e, de fato, podemos orar muito por quem nos fez essa grosseria —, contudo, não podemos mais nos relacionar normalmente com quem nos ofendeu. O que significa que não houve perdão. É evidente que não se trata de se tornar particularmente gentil com quem nos fez mal, mas o perdão leva a relação a um equilíbrio, pois é uma relação vivida estreitamente em Cristo, que se doa a ambas as partes de um conflito, que quer salvar ambas. O nosso perdão é a participação no perdão de Cristo. E é justamente essa ausência de perdão que começa a gritar em quem se presume perfeito. Já que se vive uma espiritualidade restrita ao próprio mundo interno, portanto uma fé que é mais uma projeção do que uma atitude que cresce de uma relação real com Deus, entre esssas duas pessoas falta a terceira, isto é, falta Cristo como fon-

2. As tentações

te de reconciliação. Ou antes, quem se considera "espiritual" começa sentir-se "escolhido" enviado aos outros como "profeta", como um chamado à conversão. No entanto, é um chamado muito preciso, que coloca em evidência os males e aquilo que os outros deveriam fazer segundo aquele ponto de vista. Mas a pessoa não faz nada se não se encher e se inflar em uma complacência "mística", "espiritual", falsa justamente porque não exige nenhum passo real posterior na própria conversão. Por esse motivo, a perfeição na qual crê, porém com humildade — dado que a humildade é uma virtude que "necessariamente é preciso ter" —, leva-a ao isolamento. Fala da compaixão, mas é intransigente justamente com aqueles com quem deveria usar de compaixão, já que lhe fizeram mal. E precisamente neste campo da injustiça, essa pessoa que se presume perfeita se esquece completamente da injustiça por ela cometida para com os outros. E é justamente essa perfeição que a impede de admitir que cometeu uma injustiça. Mas também aqui o inimigo é hábil: consegue fazê-la titubear por um instante, uma ofuscação de qualquer de suas injustiças, de modo que a pessoa se sinta ainda mais perfeita, pois reconhece essa sua imperfeição. Uma "imperfeição" que não é, todavia, o reconhecimento do mal real cometido e das faces das pessoas às quais se fez mal, mas de alguns detalhes pelos quais se é capaz de chegar às lágrimas que, ao mesmo tempo, podem conviver com palavras muito duras e falsas sobre os envolvidos nessa vicissitude, como se se quisesse religiosamente justificar que, no fim das contas, era justo comportar-se daquela maneira e que quase se saiu daquela vicissitude dando mais um passo em direção à virtude, já que se combateu uma espécie de inimigo de Deus.

O isolamento ao qual leva essa falsa perfeição determina a distância entre quem se crê perfeito e aqueles que pensam lhe terem feito mal, salvo alguns que se tornam objeto de sua bondade, de seu perdão, para poder gozar ainda mais da própria "riqueza espiritual". Sua maneira de falar, de lançar advertências, de tomar atitudes, tudo faz transparecer essa mentalidade de separatismo, de pressuposta elite, de divisão do mundo em branco e preto, onde o eixo é ela mesma. É natural, então, que o normal êxito dessa falsa perfeição atinja o fanatismo, enquanto o tentador, uma vez tendo possessão do raciocínio da pessoa, consegue facilmente investir o sujeito de missões e vocações especiais, até que este não consiga mais parar e admitir a ilusão na qual se encontra.

O melhor remédio para prevenir essa enorme tentação é a Igreja. Ninguém escolhe a própria igreja, a própria comunidade, os próprios pastores, de acordo com os critérios do próprio prazer. Viver seriamente a eclesialidade é o melhor modo de superar os próprios subjetivismos. É a comunidade, são os outros que, de fato, me ajudam a purificar a mente. E como é o amor que verdadeiramente purifica, isto é, a caridade, um exercício constante de caridade é útil como defesa contra esse gênero de tentação. Se conseguirmos manter certa paz, apesar de descobrir que alguns trabalham contra nós, falam mal de nós, põem obstáculos ao nosso trabalho ou à nossa vida, significa que vivemos em uma dinâmica de caridade. A paz é também uma certa impassibilidade nos momentos em que sofremos golpes desferidos pelos outros. E é, sobretudo, não falando mal dos outros que impedimos ao inimigo o sucesso nas tentações. Como disse Máximo Confessor, falar mal dos outros é, por um lado, um pecado do ócio e de não-conservação do coração puro: quem tem tempo para falar e buscar o mal nos outros não cumpre a própria vocação, a vontade de Deus e, por isso, tem tempo em abundância. Por outro lado, falar mal dos outros, evidentemente, só é possível porque a pessoa se considera melhor do que eles. Portanto, caiu plenamente na armadilha da própria perfeição. Quem dedica muito tempo a falar mal é, de fato, uma pessoa fechada em seu mundo, na projeção da própria perfeição, e também a fé faz parte deste mundo ilusório. Não são eles a saírem de si e a se debruçarem sobre os outros e sobre o Outro que é Deus, mas continuam em um mundo de criações, ilusões e sugestões. Podem até mesmo justificar sua perfeição com raciocínios abundantes, lógicos, demonstrativos, mas o simples fato

2. As tentações

de se dedicarem a apontar o mal dos outros revela essa praga espiritual — que, de fato, é uma espécie de morte da vida espiritual — que é a falsa perfeição.

A perfeição verdadeira reconhece-se pela dimensão cristológica e pneumatológica da Páscoa. Então, a pessoa vive seu cotidiano na perspectiva de morrer e ressuscitar. A verdadeira perfeição é, portanto, testemunhada por uma humildade tal que permite suportar em paz as dificuldades e o peso de cada dia. A perfeição não se demonstra e não se realiza em gestos ou empreendimentos particulares, mas na constância da humildade e do amor pascal. As tribulações que nos acontecem, dia a dia, em seus aspectos cotidianos são suficientes para provar a verdadeira perfeição espiritual. Quem suporta tais tribulações e dificuldades com paz e serenidade, pois se apega cada vez mais fortemente a Cristo, é espiritualmente maduro. Agora, o espinho mais doloroso nessas tribulações cotidianas é causado pelas doenças e pelas pessoas que estão mais próximas a nós. São elas que nos preparam para a Páscoa.

Um critério infalível da verdadeira perfeição é o amor pelos inimigos. Por isso, os autores espirituais colocavam sempre em relevo a arte espiritual capaz de sofrer vergonhas, humilhações, calúnias e injustiças não apenas com autocontrole, isto é, de maneira restrita, mas recorrendo diretamente ao Espírito Santo que dá o amor do Pai e que, de fato, é o único capaz de incluir e transfigurar esses sofrimentos e essas mortes na luz e na ressurreição.

3
Como vencer as tentações

A LEITURA[1]

Nesta fase do crescimento espiritual, uma leitura espiritual torna-se de fundamental importância. Por leitura espiritual entendemos a leitura de textos que são, verdadeiramente, imbuídos do Espírito Santo e que movem a pessoa a Deus, trazem-na mais para perto dele, tornam-na cristoforme, reforçam um raciocínio espiritual e nutrem o gosto espiritual. Por isso, aconselham-se textos dos grandes padres e madres espirituais da rica tradição da Igreja. Justamente porque essa leitura talvez não seja assim tão simples para quem a ela não foi introduzido, pode-se começar com textos de autores que sabem usar bem os autores espirituais, tornando-os alimento acessível ao homem de hoje.

O texto deve ser lido com atenção àquilo que diz o autor, de maneira que nasça um diálogo com ele. Ao compreender o que o autor diz, vemos aquilo que já conhecemos, já experimentamos, e procuramos adentrar de maneira dialógica em uma visão na qual as realidades se correspondem, se relacionam e crescem organicamente. Do mesmo modo, é preciso evidenciar, parágrafo após parágrafo, aquilo que é novo ou diferente para nós. Convém ler um texto mais de uma vez, até absorvê-lo bem e encaixá-lo com nossa mentalidade, que, justamente por causa desse encaixe, muda. Deveríamos chegar também a uma opção concreta: o que sugere esse texto no que diz respeito à minha

---

[1] ŠPIDLÍK, T. *Manuale fondamentale di spiritualità*. Casale Monferrato, 1993. pp. 421-424.

experiência, o que poderia começar a experimentar, provar, tanto no pensar quanto no fazer. É útil que nos perguntemos: como essa leitura ilumina aquilo que até agora experimentei, como me ajuda a ler a minha história de maneira sapiencial? Como leva meu pensamento a se abrir, a considerar outras realidades, outros pontos de vista, a descobrir outras ligações, correspondências, e quais desses pensamentos poderiam tornar-se o meu, e eu poderei tentar incluí-lo em meu pensamento?

Outros textos muito importantes são as vidas dos santos. Nós, modernos, freqüentemente ficamos perplexos diante de certas histórias que não têm evidentemente nenhum critério de veracidade histórica. Mas as antigas histórias dos santos eram escritas, segundo as categorias de seu tempo, também para nutrir uma imaginação espiritual. A pessoa só é criativa quando possui imaginação e os exemplos dos santos nutrem a imaginação espiritual e desenvolvem uma certa criatividade. Tantas imagens, tantos episódios, tantas cenas dos santos servem para dar inspiração a quem lê. É no interior desse princípio dialógico, inspirador, criativo, que se pode entender corretamente também a limitação dos santos. São Cirilo, apóstolo dos eslavos, fez-se inspirar por seu desejo de fazer falar o Evangelho a uma nova cultura por meio de são Gregório Nazianzeno, que havia escolhido como padroeiro. Foi tão densa a amizade com o santo que muitas pessoas inspiraram-se nele, procuraram caminhar com ele, seguir-lhe os rastros, estabeleceu-se um clima de diálogo e de oração com ele. Paralelamente, o moralismo moderno insistiu na imitação dos santos em seu sentido direto, formal; o que, obviamente, é um percurso sabidamente desastroso, que provoca a despersonalização e toda uma série de patologias psicológicas e espirituais. As anedotas e as lendas, o grande número de imagens dos santos em diversas circunstâncias das quais os antigos adoravam tirar histórias espirituais, serviam justamente para favorecer a inspiração espiritual. Mas o moralismo dos séculos passados sublinhava a imitação dos santos. Hoje, o convite a imitar todas essas anedotas e ricas imagens torna-se um perigoso jogo

3. Como vencer as tentações

psicológico e certamente suscitou uma violenta reação a um cristianismo moralista e voluntarista. Em época mais recente, racionalista e positivista, infelizmente, jogamos fora das histórias dos santos as partes dos episódios, das lendas, e voltamo-nos inteiramente ao seco resultado da aplicação do método histórico-crítico, com o êxito de que as histórias hagiográficas tornaram-se quase ilegíveis e inúteis. Mas, agora que nos encontramos privados de imaginação espiritual, sentimos a forte urgência de ter diante dos olhos não apenas teorias e pensamentos abstratos, mas um estilo de vida, episódios, imagens, inspirações com as quais nossa imaginação criativa possa dialogar e criar. Em nossos dias, gerações inteiras nutrem-se somente de uma imaginação televisiva, portanto, predominantemente sensorial, sensual e carnal. Desta maneira, gerações mais jovens são expostas à cultura invasora da imagem virtual, enquanto a cultura digital cria todo um paradigma baseado na imaginação que torna a sensualidade e a sensorialidade muito mais intensas do que a clássica imagem televisiva. Isso pode sufocar uma verdadeira, saborosa vida espiritual e causa, certamente, a crise das vocações, tanto matrimoniais quanto sacerdotais e religiosas, já que os jovens dificilmente escolhem uma estrada que não vêem vivida diante de si de um modo que lhes convença do valor da escolha. Somente gênios conseguem criar sem um confronto imaginativo. Mas, o que é ainda mais grave, pode acontecer, e já está acontecendo, que uma maciça imaginação sensual — por uma espécie de "lei do pêndulo" pela qual a uma tendência unilateral segue-se uma exatamente contrária — promova uma reação religiosa idealista, abstrata, desencarnada, etérea. As vidas dos santos, com essa modalidade de confronto, não no sentido imitativo formal, mas, sobretudo, à maneira "inspirativa", contribuiriam para nos tornar capazes de criar novamente.

Além disso, é muito perigosa uma espiritualidade desligada dos santos enquanto pessoas vivas. É danoso para a vida espiritual uma aproximação teórica que dê preferência às ciências humanas em vez da vida realizada na santidade. As ciências só podem ajudar a exaurir, em todas as suas dimensões, o alcance de tais figuras.

Além do mais, a amizade com um santo é uma das realidades que mais favorecem o crescimento sobre um caminho verdadeiramente radical. O ser humano escolhe suas amizades com base no que tem em comum com as pessoas. Um marido que não é fiel à mulher, por exemplo, dificilmente escolherá seus amigos entre homens fiéis e entusiastas da vida familiar, mas preferirá pessoas que têm um comportamento parecido com o seu, para extrair-lhes apoio e consentimento. Pode-se intuir, portanto, a importância, no caminho espiritual, de uma rede de amizades com pessoas com as quais nos entendemos espiritualmente na comunidade eclesial, mas, sobretudo, na Igreja glorificada. E se os santos são pessoas que viveram a caridade, podemos imaginar a ajuda que poderão oferecer a quem é seu amigo e os invoca.

O COLÓQUIO[2]

Para desmascarar as intrigas do inimigo que se disfarça de anjo de luz e busca entrar em nosso mundo espiritual para desviar-nos do cerne e levar-nos novamente a viver como pecadores, é muito útil ter um colóquio regular com uma pessoa espiritual. É preferível escolher alguém que esteja dentro da grande tradição espiritual cristã, que saiba não apenas algo de teórico ou pedagógico, mas que possua conteúdos e, sobretudo, conheça o verdadeiro caminho da vida em Cristo e as armadilhas que o inimigo nos coloca. Não se trata de ter uma pessoa em quem confiar como a um amigo ou em quem buscar consolação. Trata-se de buscar

---

[2] Gaza, Doroteo di. *Insegnamenti spirituali*, 5, 66, cit., pp. 110-111; EESS 17, 22 e 326; Hausherr, I. *Direction spirituelle en Orient autrefois*. OCA 144 (1955), pp. 212ss; Špidlík, T. La direzione spirituale nell'Oriente cristiano (org. Centro Aletti). In colloquio. Roma, 1995. pp. 11-54; Rupnik, M. I. *Nel fuoco del roveto ardente*. Roma, 1996. pp. 91-111.

3. Como vencer as tentações

alguém que nos coloque radicalmente diante do Senhor, que possua no coração apenas um desejo: o de servir ao Senhor e favorecer nas pessoas a escuta da obra que o Espírito Santo já está fazendo. O padre espiritual é aquele que observa como se dá, nas pessoas, a salvação e como essas pessoas podem abrir-se ainda mais à redenção e ao serviço de Cristo, para que a redenção possa adentrar em grande parte do mundo. Nesses colóquios não se faz indagações sobre o passado, os pais etc., mas busca-se desvelar os próprios pensamentos, os intentos, os projetos, os desejos, o falar da oração, o que acontece na oração, como se faz, pois é aí que o inimigo coloca suas armadilhas.

Os verdadeiros colóquios espirituais são um remédio preventivo. A um padre espiritual não interessa muito de onde a pessoa veio, pois ele sabe que todos nós viemos do pecado. A ele interessa para onde vamos, quais são nossas aspirações, os ideais que seguimos, os pensamentos que retemos como inspiradores etc. Ao desvelarmos a uma pessoa espiritual os nossos projetos, nossas inspirações, colocamos um verdadeiro filtro, isto é, uma espécie de discernimento, no qual os pensamentos incitados pelo tentador desbotam, perdem a força. É possível que, antes do colóquio, algum pensamento se apresente com insistência, inflamando o coração e animando o zelo, mas depois de falar com o padre espiritual, passe a não ter mais nenhuma influência, nenhum poder. Freqüentemente os padres espirituais filtram esses pensamentos com a indiferença espiritual com que escutam. Na verdade, se um pensamento é nosso e a eles nos prendemos muito, mas o padre espiritual não se mostra interessado, passa por cima dele, facilmente nos decepcionamos. O que quer dizer que é desvelada, em nossa própria reação, sua verdadeira natureza. Importante nesses colóquios é também abrir as relações em que vivemos, não para fazer sabe-se lá qual análise, mas para que coloquemos à luz do sol também as influências e os condicionamentos que vêm por meio delas, para compreender melhor a ação tanto do espírito bom quanto do tentador.

A MEMÓRIA DA OBRA DE DEUS[3]

Como já foi assinalado, diversos autores espirituais sugerem que mantenhamos viva a memória daquilo que Cristo operou em nós, que detenhamos continuamente a memória no evento fundante, no êxodo da morte. Como, para o povo eleito, o êxodo tornou-se o marco miliário de sua história e como, para a Igreja, a Páscoa de Cristo é o evento fundante da salvação, celebrado em cada ato litúrgico, assim o cristão cresce recordando-se do aspecto que assumiu, para ele, o evento fundante, isto é, quando, de que maneira o Espírito Santo lhe comunicou o mistério pascal como sua salvação pessoal. No primeiro volume, indiquei uma espécie de *penthos* como memória viva do perdão. Mas um posterior desenvolvimento conatural desse *penthos* é a contemplação da face do Salvador. A memória dos benefícios feitos por Deus em mim e das graças recebidas significa olhar constantemente a face daquele que se ajoelhou diante de mim, que me resgatou da morte, que me perdoou o pecado, que o assumiu. É a contemplação da santa face como memória perene dos benefícios. Os padres diziam que nos transformamos naquilo que contemplamos. Para quem viveu conscientemente o evento fundante, isto é, a Páscoa do Senhor, como salvação de sua vida, a memória de Cristo não é cansativa, as linhas e os traços de sua face são cada vez mais explícitos. O pensamento de quem põe a sua atenção na face do Salvador é um pensamento sempre vivo, atento, que consegue pensar na vida, porque contempla a vida. É um pensamento que cuida da pessoa, porque a contempla, e que por isso não consegue criar nem pensar de modo despersonalizante, desligado da vida. Assim, a pessoa caminha segura, pois o inimigo não a encontra ociosa, desatenta, dispersa. A oração nesta segunda fase do discernimento é, enfim, um exercício da memória de Deus, um exercício de invocação do nome do Senhor com a maior freqüência possível, é um repercorrer

---

[3] Ver nota 3 do cap. I. Ver também: EESS 230-237 e SIEBEN, H.J. *Mnèmè Theou*, DS X, 1980, col. 1.407-1.414.

os trechos espirituais lidos, um repetir uma palavra da Escritura, consciente de que está repleta do Espírito Santo. A oração simplifica-se, desvincula-se dos efeitos imediatos, psicológicos, e toma conotações de um relacionamento cada vez mais maduro. Em momentos fortes como os retiros, nos exercícios espirituais, ou uma vez por semana, por exemplo, a pessoa faz uma oração mais ordenada, repercorrendo a estrutura de oração apresentada no primeiro volume. Trata-se de um exercício extremamente importante para alcançar um apurado exame da oração e, por conseqüência, poder ser mais capaz de ver o desenvolvimento e o processo dos pensamentos e dos sentimentos. Quando falei das tentações do inimigo, na verdade, disse muitas vezes que é preciso observar o pensamento e o sentimento para ver se apresentam uma queda na qualidade espiritual. Então, somente uma oração com um exame final oferece-me um instrumento para verificar o percurso dos pensamentos e dos sentimentos. A este propósito, convém ter um caderno no qual anotar as coisas essenciais que amadurecem na oração e na relação com Deus.

A IGREJA[4]

Um grande obstáculo para o tentador é o inserimento do cristão na Igreja. No coração da Igreja está Cristo, pela Igreja, reconhecido e celebrado como o Senhor que se doa, que nos salva e que nos leva ao Pai. Na Igreja, cada ato conflui à liturgia, ao culto de nosso Senhor, verdadeiro Deus e verdadeiro homem. Nesse culto, toda a humanidade se abre ao divino em Cristo. Nele, o amor absoluto e tripessoal de Deus se abre à humanidade. Na Igreja, por meio de Cristo, a Trindade desce

---

[4] EESS 352; STANILOAË, D. *Il genio dell'ortodossia*. Milano, 1986. pp. 79-125; TAFT, R. F. *Oltre l'Oriente e l'Occidente. Per una tradizione liturgica viva*. Roma, 1999. pp. 259-281; Idem. *La liturgia delle ore in Oriente e in Occidente*. Roma, 2001. pp. 435-442.

entre os homens e, em Cristo, a humanidade adquire forma filial, e, portanto, fraterna, que pode retornar ao céu como comunhão, como imagem da própria Trindade. Este mistério do êxtase de Deus diante do homem na Igreja é celebrado na santa liturgia, por meio da qual rendemos culto a nosso Deus e vivemos, ao mesmo tempo, nosso êxtase diante dele. Por esse motivo, a liturgia possui uma dimensão transtemporal que atinge diretamente a Cristo, com quem ela se comunica. Por isso, a liturgia deve ser capaz de apresentar e comunicar em sua linguagem a objetividade dos dogmas cristológicos que conservam a verdade de Cristo. Mas, ao mesmo tempo, a liturgia possui uma dimensão temporal, cultural, marcada pela história humana. Quando na liturgia prevalece um certo subjetivismo, demonstra-se a fraqueza da fé, pois o princípio subjetivo prevalece sobre o eclesial que tem, por fundamento, como objeto e meta, a objetividade de Cristo. Nesta segunda etapa da maturação espiritual, entendemos que aquilo que conta na liturgia é o Cristo divino-humano que ali se celebra, que a liturgia não pode ser gerida de modo subjetivo, segundo os gostos e as inclinações dos fiéis, pois, de outro modo, poderia ser minada justamente a realidade objetiva de Cristo que ali se manifesta, que nos é comunicada, que celebramos e à qual nos entregamos. O cristão começa, assim, a recompor de modo maduro a sempre difícil relação entre o eterno e o temporal, entre objetivo e subjetivo. Esse comportamento começa a caracterizar também a relação com a Igreja como tal. Damos cada vez menos espaço ao desejo subjetivo de criar uma Igreja à nossa própria imagem, segundo nossos gostos, mas começamos a sentir o mesmo gosto que provamos na sempre maior maturidade litúrgica também no que diz respeito à Igreja. Como se, de alguma forma, superássemos uma aproximação prevalentemente psicológica e sociológica. A verdadeira dimensão teológica da eclesialidade não é mais algo teórico, mas experiencial, e então nos sentimos parte da Igreja assim como ela se encontra, com determinadas pessoas, que podem agradar ou não, com tradições concretas etc. Começamos a nos sentir com a Igreja.

Nossa experiência da Igreja começa com o batismo. Experimentamos ser gerados pela comunidade eclesial, paridos para uma nova vida, e isto determina um novo modo de sentir a Igreja e de sentir-nos parte dela. As dificuldades que a dimensão cultural, histórica, humana da Igreja podem fazer viver tornam-se causa de sofrimento, uma dor que cada vez mais freqüentemente se abre ao mistério pascal. Um olhar realista nos acompanha. E neste realismo divino-humano, transtemporal e histórico, da santidade e do pecado, da perfeição e do erro, o cristão tenta cumprir seu mistério pascal, que se torna um filtro infalível de verificação das eventuais tentações do inimigo. Os pensamentos que nos induzem para algo que não seja esse realismo eclesial, que não o consideram ou que o evitam são reconhecidos imediatamente como uma armadilha.

A DESOLAÇÃO EDUCATIVA[5]

Entre as várias travessias que uma pessoa espiritual passa por seguir Cristo, é importante sublinhar também a desolação educativa. A desolação educativa — assim denominada por Diádoco — é um momento no qual o Senhor retira do coração humano o efeito sensível da graça. Na realidade, a graça permanece na pessoa, mas esconde sua luz, seu calor. Ou melhor, é o próprio Senhor quem permite que uma certa tristeza envolva a alma e chegue, então, a tentação. A alma encontra-se sem consolação, sem fervor, desolada, prova um grande cansaço em cada passo espiritual: é o momento em que a oração é difícil, a memória de Deus está longe, não conseguimos reinvocar as lem-

---

[5] DIADOCO. *Definizioni*, 86, 90, cit.; *Vita e detti dei padri del deserto*, cit., I, p. 85, n. 5; MÁXIMO CONFESSOR. *Sulla carità. Il Centuria.* 67, cit.; ARQUIMANDRITA SOFRÔNIO. *Silvano del Monte Athos. La vita, la dottrina, gli scritti*, cit., pp. 202ss.

branças, não podemos ler a Sagrada Escritura, sentimos que os santos estão ausentes. Na Igreja, vemos sobretudo as coisas que não dão certo e todos os obstáculos apresentam-se a nós. Parece-nos que fomos abandonados pelo Senhor, mas, na verdade, não é assim. A presença da graça existe, o olhar benigno do amor de Deus nos vigia, nada poderá golpear-nos, ferir-nos, prejudicar, ofender, se não perdermos a cabeça, mas permanecermos em um estado de paciência, invocando o nome do Senhor, sem dar atenção às armadilhas do inimigo e aos pensamentos que nascem na aflição.

Convém ter firme a regra de que na tristeza, na aflição, na desolação, o inimigo semina seus pensamentos e, por isso, é preciso não dar atenção a eles. É melhor estarmos surdos a tudo aquilo que surge na alma e permanecermos firmes na invocação de ajuda ao Senhor e aos santos. Deus nos faz passar por essa espécie de deserto para nos dar a possibilidade de animar também aquelas dimensões de nossa pessoa que, talvez, em uma vida mais fervorosa e mais rica no sentir, não sejam envolvidas na salvação. Deus nos leva até o limite de nossas possibilidades, de nossas forças, de modo que tudo aquilo que somos seja interpelado, usado na invocação do nome do Senhor, no desejo da graça, na rejeição do retorno à morte, ao inferno, à noite da fé. Por outro lado, existem dimensões de nosso espírito das quais não nos damos conta justamente porque a vida espiritual está muito bem e o coração, inflamado por Deus. Existem alguns aspectos de nosso espírito ávidos de glória, mas que logo que as coisas não vão bem, degradam-se e abatem-se, jogando fora tudo aquilo que somos. Então, o próprio Senhor nos leva ao deserto de modo que com essas dimensões mais desejosas e, justamente por isso, mais expostas à ambigüidade — e é exatamente aqui que se insere o inimigo com a tentação da perfeição, do já ter chegado ao final da estrada — aprendamos a viver o realismo, compreendamos que não é automático provar a doçura do Senhor, o fervor de sua presença, mas que muitas vezes crescemos no deserto, na desolação, pois ali nossos desejos se purificam.

3. Como vencer as tentações

Justamente em tal desolação, o Senhor torna possível ao inimigo colocar a armadilha da perfeição, da bravura, da facilidade, do automatismo. Por um lado, vivemos as tentações de todas as espécies típicas da desolação, mas já que o Senhor e sua graça estão em nosso coração, o importante é não escutar o mal-estar e a face, e nada de mal poderá acontecer. Mas, na realidade, justamente nesse momento, o Senhor está nos olhando, curando nosso ponto mais vulnerável, que é aquele em que o inimigo pode lançar um pensamento de auto-suficiência, de mérito, de auto-salvação. Esses momentos de desolação são, portanto, momentos de graça, pois amadurecem nossa relação com Deus, de modo que aprendemos a não seguir o Senhor porque nos sacia sensivelmente com a sua graça, mas o seguimos somente por amor. Nem por temor, nem por conveniência, mas por amor. O Senhor nos enviará desolações educativas até que não tenhamos mais necessidade delas, até que se reduza ao mínimo o risco de uma relação mercantil com ele, que é o que permite cair com maior facilidade nas armadilhas do inimigo.

É justamente no deserto de tal desolação que se queimam todas as consolações e todos os prazeres substitutivos com os quais o mal disfarçado anjo de luz busca seduzir nosso coração. E a pessoa, passando por essas humilhações, vai em busca daquela humildade com a qual será capaz de reconhecer que a consolação vem somente de Deus, de seu Espírito Santo, que é um dom gratuito, imerecido, que vale ainda mais e é mais segura e preciosa quando não é causada por nenhum de nossos esforços espirituais. Deste modo, a pessoa torna-se imediatamente cautelosa quando a um pensamento associa muito automaticamente um bem-estar, uma consolação. É importante sublinhar que uma desolação provocada pelo Senhor para o nosso bem caracteriza-se pela ausência de perturbações. A alma está desolada, pode estar triste, vazia, mas não perturbada. Permanece, no fundo, a certeza de que o Senhor existe e que não permitirá nosso retorno à vida do velho homem.

O PENSAMENTO SEM CAUSA[6]

Muitos padres espirituais consideram como o pensamento mais espiritual o assim chamado "pensamento sem causa". Do que se trata? É o pensamento que vem quando a pessoa não está atenta a um objeto do qual seria compreensível que derivasse tal pensamento, nem está fazendo um exercício espiritual que o poderia suscitar. Isto é, não está refletindo sobre as coisas espirituais, não está lendo textos espirituais, não está participando de uma liturgia, nem vive qualquer evento de particular intensidade. O pensamento que lhe vem não deriva, segundo uma lógica seqüencial ou dedutiva, de um estado ou uma ação precedente.

O pensamento sem causa é possível quando o coração não é habitado pelo Senhor, mas a pessoa lhe pertence, a ele é entregue, sente-se sua e o Senhor pode adentrá-la, segundo a imagem já usada, como se entrasse em seu quarto, e pode remover os pensamentos no coração quando ele quiser. É ele o princípio e o protagonista. Ou melhor, este Senhor é o Espírito Santo, que tem livre acesso ao coração e pode mover os pensamentos e sentimentos na direção de um mais completo reconhecimento de filhos, de uma mais completa filiação. "Sem causa" significa, portanto, "livre". Na realidade, verdadeiramente livre é somente Deus em seu amor tripessoal. O ser humano entra no processo da libertação e experimenta a si mesmo livre em virtude da relação que Deus e ele instauram. Quanto mais o homem responde a essa relação, mais se abre a ela, mais essa relação o torna livre.

Um exemplo muito plástico desse fato é o episódio evangélico de são Pedro que caminha sobre as águas. Segundo a natureza humana, Pedro não poderia fazer coisa de tal gênero, mas na força da relação com Cristo, por força da resposta ao chamado de Cristo. Pedro caminha sobre o lago. Tanto é que até o

---

[6] EESS 330; Špidlík, T. *La doctrine spirituelle de Théophane le Reclus*. Le coeur et l'esprit. OCA 172, Roma, 1965. p. 253; Idem. *La spiritualità dell'Oriente cristiano*, cit., 296; Idem. *Ignazio di Loyola e la spiritualità orientale*. Roma, 1994. pp. 86-88.

3. Como vencer as tentações

momento em que Pedro estendia-se ao Senhor e baseava-se em sua palavra "vem", caminhava. Quando, com o barlavento, sente medo do vento que lhe sopra no rosto e do escuro da água sob os pés, sua atenção escorrega nesses acontecimentos e ele começa a afundar, reentrando na lógica das leis naturais. "Sem causa" é aquilo que parte de um ato livre que acontece entre duas pessoas e que se faz assim que o homem supera o determinismo ao qual está habituado graças ao princípio agápico. No amor que vem de Deus, ele supera esse determinismo, vive uma espécie de êxodo das leis da consecutividade, da evidência, e realiza relacionamentos de um nível superior. De fato, até são Pedro, que combatia a dor à qual a natureza humana se rebela, que negava o pensamento da derrota, que buscava impedir a paixão a Cristo, realizará de forma plena o princípio agápico, isto é, o amor de Deus em sua natureza humana, consumando até o fim o seu martírio. Portanto, de um lado existe um movimento do determinismo a uma nova qualidade de vida, um novo nível de existência; de outro, um retorno desse nível de qualidade e sua realização justamente àquele mundo natural em que somos chamados a personalizar, assumir e transfigurar. Um pensamento sem causa é, portanto, um pensamento que vem com um princípio livre, que impulsiona, envolve e se realiza no que é vivido à base de um princípio de livre adesão. É um pensamento de grande qualidade espiritual, que objetiva diretamente a vida em Cristo para o nosso bem e de todos. Não é violento, não usa da força, não nos comprime, antes, não possui autoridade negativa diante de ninguém. É um pensamento que nasce livre e como tal permanece. É um pensamento que apela à nossa livre adesão, um pensamento livre, que nos torna livres.

Quando aparece um pensamento assim, convém estarmos atentos a como se desenvolve, que rumo toma, como envolve o raciocínio e os sentimentos, pois os pensamentos que mais tarde se seguem não necessariamente estão ligados a este. Na verdade, muitas vezes um pensamento assim aquece o coração, ilumina a mente, faz a pessoa perceber que encontrou uma intuição, e por este motivo ela começa, de maneira fácil e veloz, a alcançar os próprios pensamentos, os próprios raciocínios. Por isso, ao observarmos o raciocínio que se segue, convém estarmos atentos justamente à dimensão da liberdade. Se no raciocínio manifestarem-se uma impressão e uma urgência maiores, e diminuir o espaço da livre adesão, isso indica que estamos saindo do pensamento original. Convém, então, retornar ao pensamento originário, conservá-lo e manter esse sentimento de liberdade. O inimigo fará de tudo para entrar e enganchar-se diretamente ao pensamento espiritual, pois tal pensamento lhe escapa totalmente, está fora de seu possível emanharamento, justamente por causa de sua origem livre. Enquanto ele, o tentador, é, por definição, não-livre, já que não é agápico, é a perversão da ágape. Desta maneira, tudo aquilo que é livre está fora de seu alcance.

Com a ajuda dos meios indicados, conseguimos, com mais agilidade, individuar os sentimentos e pensamentos que nascem nas tentações, ou, ao contrário, os que são de inspiração espiritual e nos levam a uma correta interpretação de como responder à vontade de Deus, de como raciocinar como salvos, de como pensar como redentos no íntimo de nosso mundo e de nossa cultura. Seguindo esses pensamentos reconhecidos como bons, favorecendo-os, amadurecemos, assim, a realização da vocação cristã no mundo.

4

As verificações de nossa livre adesão a Cristo

FILHOS NO FILHO[1]

A redenção que Cristo operou por toda a humanidade e que o Espírito Santo abre a qualquer um de modo pessoal, comunicando Cristo como o próprio Senhor e Salvador, nos une a ele de modo tão radical e absoluto a ponto de sermos e fazer-nos sentir filhos adotivos do Pai. Redescobrimos que somos filhos no Filho. A natureza humana é criada com predisposição a ser assumida e unida a um princípio humano personificador — isto é, criado —, mas pode ser assumida e unida integralmente à Pessoa divina. Na verdade, a segunda pessoa da Santíssima Trindade, o Filho, que possui plenamente toda a natureza divina que lhe dá a marca de Filho de Deus, com a encarnação, assume e possui a natureza humana. Agora, se como a natureza humana é aquela que pertence às pessoas humanas que a possuem — já que não existe uma natureza humana abstrata, genérica, sem faces —, isto significa que quando Cristo na encarnação assumiu a natureza humana, encarnou nela um princípio agápico absolutamente pessoal, de Filho de Deus. Instaurou, assim, uma relação real e totalmente pessoal com cada pessoa humana existente, já que possui a natureza humana. De fato, a pessoa é esta inseparável unidade da natureza própria de todos os seres que dela participam e do princípio agápico, o princípio do amor personalizante que possui essa natureza e que faz

---

[1] Cf. RUPNIK, M. I. *Dire l'uomo*, cit., pp. 67-131.

com que a pessoa torne-se única, irrepetível, inconfundível, com uma face inteiramente pessoal. Cristo, ao assumir a natureza humana, a possui como Filho de Deus. Reporta, então, a natureza humana àquela verdade que tem traçada em si desde a criação e, ao mesmo tempo, torna filhos adotivos às pessoas humanas que possuem a mesma natureza humana que ele assumiu. Quando Cristo assume a natureza humana, instaura com a pessoa humana uma relação tão íntima, pessoal e total que ela torna-se filha adotiva de Deus.

Sobre este pano de fundo cristológico-antropológico, explicita-se o caminho espiritual do homem como uma adesão cada vez maior ao Filho de Deus, para dar à nossa natureza humana uma marca cada vez mais íntegra de filhos. É esta a nossa vida em Cristo: Cristo nos torna filhos do Pai e o dom do Espírito Santo que grita em nós "Abbá" nos une ao Filho e torna-nos conscientes dessa filiação (cf. Gl 4,6-7), fazendo-nos aderir, com tudo aquilo que somos, à obra de Cristo que molda toda a nossa realidade humana à sua imagem, ou seja, de Filho. Nós somos criados à imagem do Filho. Com o pecado veio a perversão do princípio agápico, isto é, do princípio filial, enquanto nós, criados como filhos, tornamo-nos rebeldes, fazendo de nós mesmos o epicentro de tudo e de todos, negando a condição de filhos. Em vez de sermos uma contínua resposta ao Pai, o pecado nos tornou sedentos de auto-afirmação, desejosos de sentir-mo-nos como criadores aos quais tudo deve convergir e sobre a base de qual vontade tudo deve ser gerido. A salvação de Cristo consiste exatamente em fazer-nos reentrar na esteira do filho pródigo, por meio de sua morte como conseqüência do pecado, de seu ser tratado pelo pecado, assumindo, assim, integralmente a catástrofe e o destino do ser humano rebelde e abrindo o caminho para a filiação real, isto é, para o retorno ao Pai.

No caminho espiritual é necessário, então, perceber como e o quanto aderimos ao amor de Cristo, como e o quanto nos expomos à ação do Espírito Santo que nos torna cristoformes. As-

4. As verificações de nossa livre adesão a Cristo

sim, o caminho espiritual verifica também o quão viva está em nós a consciência de que somos de Cristo e nele somos filhos, ou quanto, ao contrário, Cristo permanece um ideal longínquo a ser imitado, um mestre a ser seguido, um Deus a ser adorado, mas de modo externo. Uma coisa é perceber a nós mesmos em Cristo, filhos no Filho, que buscamos hoje, com o Espírito Santo, alcançar o viver como filhos, o explicitar o fato de que somos radicados em Cristo e que ele vive em nós. Outra coisa é, estando diante de Cristo, admirando-o, entusiasmando-nos com ele, escutando seu ensinamento, buscar viver aquilo que ele pede, até pedir a ele que nos ajude a cumprir aquilo que nos ensina. A armadilha aqui possível é não ter consciência suficiente do Espírito Santo. Ao adorarmos o Espírito Santo, ao invocá-lo, damos toda a disponibilidade à sinergia, e então a fé possui uma base ontológica. De outra forma, fazemos da fé algo semelhante a uma ideologia, com saídas voluntariosas e moralistas. Neste último caso, podemos pedir, por exemplo, que Cristo nos ajude a trabalhar pela justiça e a combater por ela, mas como uma espécie de "programa" político. Quem, ao contrário, possui este fundo pneumático, sabe que a justiça é Cristo, que é feita por ele e que nós participamos justamente como intermediários entre Espírito e Cristo-Justiça. E, se somos chamados a trabalhar pela justiça, sabemos que ela já foi feita nele e que nossa vocação hoje na história é viver a justiça que é Cristo, isto é, à maneira dele. É o Espírito Santo que nos anuncia Cristo de modo que, ao combatermos pela justiça, combatamos como Cristo combate, de maneira a fazê-lo transparecer. Ou mesmo, podemos invocar Cristo, tê-lo sempre à boca, fazer referência aos valores e buscá-los como um programa para atuar com a etiqueta de Cristo, mas sem sua participação. Por conseqüência, não revelar Cristo no modo como atuamos os valores e os projetos propostos. A consciência de que todas as virtudes são Cristo e que a nossa participação no Espírito Santo às virtudes é a participação em um organismo vivo, em que cada virtude é caminho para outra (e, portanto, não se pode ser justo e, ao mesmo tempo, violento, ou pacifista e injusto), essa consciência elimina os riscos de um cristianismo ideológico, de uma fé entendida em um sentido voluntarista e moralista e que, por conseqüência, provoca reações de tendências exatamente contrárias.

A VERIFICAÇÃO DA MENTALIDADE[2]

Macário Grande faz notar que a pessoa pode estar acorrentada por grilhões visíveis e por grilhões invisíveis, e que pode chegar a libertar-se dos visíveis, pensando já estar livre; contudo, sua condição de escravidão permanece. Quais são as correntes invisíveis mais difíceis de serem desmascaradas? Muitos autores espirituais estão de acordo: libertar-se da própria mente. A cada dia, vemos que, de fato, podemos encontrar muitas pessoas generosas, prontas a ajudar em qualquer coisa, mas só com esforço encontramos quem seja capaz de pensar com os outros, de deixar-se dizer, de ter uma mentalidade autenticamente religiosa. Podemos ter uma lista de valores religiosos cristãos, um sistema de pensamento rigorosamente segundo o catecismo, citar a fio a Palavra de Deus, as encíclicas, os documentos da Igreja etc. Mas isto não significa, na realidade, estar desvinculado da própria mentalidade. Estar ligado à própria mentalidade significa ter uma mentalidade passional, uma maneira de pensar fundamentalmente — ainda que de maneira refinada — passional, desordenada. Trata-se de uma mentalidade capaz de elaborar um grande aparato para proteger um pequeno ponto — mas vital e extremamente sensível — em que a pessoa ama, sobretudo, o próprio querer. E é essa paixão pelo próprio querer, esse amor de si como afirmação unilateral, que torna a mentalidade passional.

A partir disso, está imediatamente claro que verificar se a própria maneira de pensar reflete o Evangelho, se se começa a aderir a Cristo, não consiste em colocar em prática um confronto

---

[2] Máximo Confessor. *Sulla carità*. I Centuria, 94; III Centuria, 44; e *IV Centuria* 40, 41, cit.; EESS 136-147.

4. As verificações de nossa livre adesão a Cristo

formal, verificando, por exemplo, se se empregam as mesmas palavras do Evangelho, das declarações oficiais da Igreja, do santo fundador da própria ordem... Ou melhor, trata-se de ver se a minha mentalidade me permite fazer um raciocínio sobre qualquer coisa da vida, da história, tanto minha, quanto da sociedade ou da Igreja, baseado em uma liberdade espiritual tal que impede o aparecer de qualquer faísca de filáucia. Por este motivo, convém estarmos particularmente atentos a quais reações emanam em nós quando, por exemplo, somos tratados injustamente por alguém, quando descobrimos que falaram mal de nós; quando nos acontece uma injustiça econômica, social, quando corremos o risco de perder qualquer pertence importante; quando a saúde começa a nos incomodar... São tantas as circunstâncias que revelam melhor do que outras se a nossa mentalidade, nossa maneira de raciocinar, possui um fundamento espiritual e, portanto, estamos aderindo integralmente a Cristo, ou se o nosso fundamento é passional, sensual, seguindo a lógica do mundo de maneira juvenil, para depois construir, sobre esse fundamento, uma estrutura com aparência de perfeição cristã, justamente para defender a ligação passional submersa. É preciso, portanto, verificar se temos uma mentalidade que pode servir para pensar o caminho da verdadeira vida, ou uma mentalidade que nos leva a uma vida ilusória, em que o nosso eu é soberano, mas encontramo-nos isolados. E o isolamento é sinal de morte, pois a vida só existe no amor, nas relações, na comunhão.

O pecado radicado profundamente em nós cria uma mentalidade que busca evitar em nossa vida o tríduo pascal. O pecado foi destruído pela cruz de Cristo, mas a mentalidade de pecado faz de tudo para que o ser humano não aceite a lógica pascal, e permaneça, assim, no pecado. Mas para evitar o caminho da Páscoa, o pecado deve fazer ver que a Páscoa de Cristo não é argumento suficiente para a minha Páscoa, que ele ofereceu a paixão e morreu, mas isso não é obrigatoriamente o percurso paradigmático para mim e para minha vida; mais que isso, é preciso trabalhar para se salvar, e salvar-se significa, sobretudo, evitar o tríduo pascal. Mas a salvação provém da Páscoa de Cristo, mesmo que a mentalidade do pecado defenda-se dela com todas as forças.

O caminho para a verdadeira vida segue o caminho de Cristo pascal, enquanto a mentalidade do pecado busca fazer-me ver que qualquer outra estrada é boa, basta que seja evitada a Páscoa. A tentação pode ser muito sutil: a certas pessoas, ajudadas por sua estrutura psíquica ou por sua história pessoal, a mentalidade do pecado consegue apresentar como caminho correto aquele da cruz, da abnegação, do sofrimento, mas sem a ressurreição. Ou seja, uma espécie de auto-afirmação na dor, no sofrimento ou em meio à dor e ao sofrimento. Desta maneira, a mentalidade do pecado consegue usar também o sofrimento, a dor, as derrotas para afirmar-se.

Agora, existem inúmeras realidades do mundo contemporâneo e de sua estrutura que dão muitos estímulos à mentalidade do pecado: vivemos, por exemplo, em uma cultura caracterizada pela afirmação do indivíduo que se impõe em formas de vida cada vez mais particulares, inconfundíveis; uma cultura, por outro lado, governada por leis da economia e das finanças, que determinam um comportamento predominantemente agressivo diante dos outros; uma cultura que, portanto, está presa à questão do protagonismo da aparência, seja porque se quer ser formalmente perfeito segundo os ditames em voga, seja porque, na onda da reação contrária, destroem-se as aparências. Todas essas realidades culturais, com muitas outras, alimentam uma mentalidade de pecado, que por elas é movida e proposta, enquanto uma mentalidade espiritual é marginalizada de tal modo que se torna difícil raciocinar segundo seus critérios, mesmo para as pessoas espiritualmente muito sérias.

A verificação da mentalidade no sentido espiritual consiste, portanto, em ver se consigo, racionalmente, compreender que o caminho que leva à verdadeira vida é o tríduo pascal do Senhor, portanto um caminho sobre o qual encontrarei incompreensões,

4. As verificações de nossa livre adesão a Cristo

sofrerei desonras, serei julgado mal por causa desse comportamento cristoforme que até poderá ser considerado estúpido e custar-me a pobreza, seja dos pertences quanto dos sentimentos fortes, consoladores, que me poderiam nutrir no caminho do Senhor. A verificação da mentalidade está, portanto, em ver se consigo compreender, racionalmente, que a cruz é o caminho para a ressurreição, ou se penso ainda que na vida, para sentir-me realizado, preciso ter sucesso, poder, reconhecimento, afirmar minhas próprias idéias, ser estimado por todos e aplaudido, ser são, rico e seguro do ponto de vista social e econômico. Enquanto verifico se meu modo de pensar parte desse pressuposto da Páscoa e o tem sempre presente, devo ver se, em qualquer coisa que esteja pensando, a minha vontade diante desse raciocínio é livre. Isto significa que não sou eu quem escolhe tal modo de pensar e de viver, mas como orante sincero peço a graça de Deus para que, se a ele agradar e se for verdadeiramente bom para a minha salvação que eu viva este caminho, então eu possa aceitar a minha vida nessa estrada. Desta maneira, o modo de pensar é filtrado pelo pedido de uma vida segundo tal pensamento, e é essa unidade entre a vida e o pensamento que explicita minha liberdade espiritual e meu verdadeiro fundamento. Na verdade, a unidade entre o modo de pensar e o de viver pode ser baseada em uma ideologia minha, seja sobre meus princípios éticos, ou em Cristo que é uma pessoa vivente. E em Cristo, essa unidade é realizada de modo absoluto, mas, ao mesmo tempo, de maneira que eu participe dela, como pessoa inserida, como filho no Filho. É o Espírito Santo que me abre a salvação de Cristo, em que ele assume toda a minha realidade na filiação ao Pai. Então, nesse relacionamento estreito e real entre mim e Cristo, o Espírito Santo comunica-me essa unidade de pensamento e de vida, no estilo do pensamento de Cristo, que deriva de uma participação na Pessoa dele. Vivo em Cristo, e é por isso que a unidade que está nele é uma realidade orgânica na qual eu posso me reconhecer e que pode tornar-se minha. Ou seja, o Espírito Santo faz com que eu a sinta como minha. Se o fundamento é Cristo, então meu agir e meu pensar terão, sim, um alto empenho e valor moral, mas serão vivificados e sustentados por Cristo, que é o fundamento da minha transformação pessoal. Eis no que se funda a unidade entre a vida espiritual e a vida moral.

Essa verificação, coloco-a em prática fazendo orações nas quais contemplo a vida de Cristo, sobretudo na chave do tríduo pascal, da paixão e da ressurreição, e todo o tempo verifico a profundidade, a prontidão, a sinceridade de minha oração ao Senhor, se a ele agrada dar-me a graça de viver esse caminho, pois é o único que leva à verdadeira vida, já que ele é a verdade e a vida.

A VERIFICAÇÃO DA VONTADE[3]

Na primeira verificação, constatamos a importância da liberdade espiritual em relação à vontade, já que se trata da nossa dimensão mais vulnerável ao amor próprio. Assim, a segunda verificação em nossa adesão a Cristo é a verificação da vontade. Agora, acontece freqüentemente que, depois de uma forte purificação, depois de uma verdadeira reconciliação, a vontade sinta-se pronta para a luta contra o pecado, contra o mal, pronta a renunciar às armadilhas do mal e, por esse motivo, a pessoa possa facilmente pensar ser verdadeiramente livre, isto é, inteiramente voltada a fazer o bem.

Mas, como já vimos, a verdadeira armadilha é a filáucia. É preciso, portanto, verificar se ainda temos correntes interiores de ligação desordenada com nossos talentos, nossas virtudes, portanto novamente com uma mentalidade que, aparentemente, é toda voltada a cumprir a vontade de Deus, mas que, na realidade, leva adiante nossos apegos e ligações. A pessoa pode ser assim tão apegada à sua proposta positiva, ao seu projeto, à sua visão da missão a ser cumprida, pois parece ser tão boa, tão evangélica, que nem mesmo percebe que se trata de uma autêntica

---

[3] EESS 149-157; SOLOV'ËV, V. *I fondamenti spirituali della vita*, cit., p. 37.

4. As verificações de nossa livre adesão a Cristo

filáucia. A filáucia, de fato, poder ser camuflada atrás de um apego às coisas e aos propósitos bons, às idéias e aos projetos bons. Pode acontecer, também, de a pessoa que possui um apego perceber que seria melhor ser completamente livre, pois só assim pode confiar-se a Deus e fundar a própria vida nele. Mas, mesmo que saiba que isto é necessário, não move uma palha, não faz nada para isso, desconcerta-se sempre diante de uma decisão sem usar os meios que a espiritualidade cristã oferece para este passo. Pode chegar a orar horas e horas, sem, contudo, fazê-lo de modo que a oração a ajude a alcançar a liberdade. Pode jejuar, sem que isso se torne útil para maior liberdade interior. A pessoa, então, pode tanto não usar os meios da ascese cristã, quanto ser capaz de usá-los, mas não com o objetivo correto.

A filáucia põe em xeque uma série de inércias pelas quais nunca nos decidimos, com vigor, a agir contra esse apego que impede uma total entrega a Deus. Normalmente nos convence com raciocínios devotos, protegidos por discursos sobre os valores humanos, de que já estamos vivendo bem e fazendo mais do que o necessário para alcançar a salvação.

Um outro modo pelo qual a filáucia age é aquele segundo o qual a pessoa sabe precisamente do que precisa libertar-se, mas quer fazê-lo de maneira que o Senhor aceite esse apego como se ele próprio o quisesse. Busca, assim, atrair o Senhor a seu apego em vez de libertar-se para ir ao seu encontro. Esse tipo de pessoa, normalmente, reza muito, mas de acordo com a maneira mencionada anteriormente, ou seja, usa a oração para resolver algo muito urgente, muito importante, mas que, de fato, é artificial. Eis um exemplo para ser mais claro: um religioso é muito apegado a um lugar onde cumpre sua missão. Muitos bons amigos, boa comida, boa moradia etc. Entra em andamento, então, um discernimento para averiguar um novo destino para sua nova missão. Ele está muito consciente de seus apegos, mas, em vez de rezar pela liberdade do coração, propõe ao Senhor um empenho seu muito importante ainda ali, naquela cidade: é mais vantajoso um trabalho entre jovens marginalizados e expostos ao mal do mundo ou dedicar-se à pastoral entre homens cultos? Trata-se de um clássico exemplo de como desviar a verdadeira problemática, mantendo a ligação, o apego que já existe. Pois com tal oração, pouco a pouco, o religioso subentende que deve permanecer naquele lugar.

Para desmascarar a filáucia e para uma real verificação da nossa vontade, convém orar ao Senhor pela graça de sermos livres para deixar ou manter certa realidade por si boa, para sustentar ou não um projeto, pedindo que o único objetivo seja o de aderir àquilo que Deus quer. Não apenas isso. Sem dúvida, é preciso pedir ao Senhor que seja ele mesmo a mover nossa vontade diante daquilo que é nosso bem, e que tenhamos a graça de não querer nem isso nem aquilo, se a vontade não for movida unicamente pelo amor do Senhor e pelo Senhor. Assim, de qualquer modo, justamente por sermos livres, renunciamos também à ponderação, ou seja, a optar por aquilo que cremos ser o melhor para ir a caminho do Senhor e servi-lo.

Mas tudo isso poderia ser ainda algo abstrato, e a pessoa poderia renunciar a tudo e não fazer nada, envolvendo-se em uma espécie de inércia sob o pretexto da liberdade, do ser desligado de tudo, pronto a tudo, sem, na realidade, dar nenhum passo. E assim a filáucia a teria vencido mais uma vez. Para evitar esta posterior armadilha, os autores espirituais aconselham, aqui também, a calcar a ligação entre vontade e vida. Para estarmos seguros de não ter nenhuma ligação e de sermos verdadeiramente livres, sem nenhuma propensão sutil a uma ou outra realidade, os mestres espirituais nos aconselham a fazer as verdadeiras ofertas, nas quais, pela oração, damos ao Senhor de modo sincero, real, os dons aos quais podemos estar apegados: os propósitos, os projetos etc. E, se oferecemos, o Senhor pode tomar: ele sabe que, se para mim for melhor ter essas realidades, ele as dará; do contrário, as tirará. E mesmo se me restituir essas coisas, eu as usarei — e, portanto, as viverei — de modo verda-

4. As verificações de nossa livre adesão a Cristo

deiramente espiritual, pois saberei que não são minhas e, portanto, poderei amar por meio delas, em vez de me iludir de amar, mas, na realidade, buscar a mim mesmo. Não podemos, de fato, entregar-nos nas mãos de Deus, seguir o Senhor, servir o amor, buscando afirmar a própria vontade.

E, por estarmos seguros de que estamos ofertando, os mestres espirituais nos aconselham a pedir exatamente o contrário. Ou seja, se uma coisa me for particularmente querida, peço ao Senhor que a tome, e se houver realidades que temo ou que não me agradam, peço a graça de poder provar também delas. Os mestres espirituais estão conscientes de que isso vai contra a lógica da pessoa, mas também aqui se vê que é exatamente a ligação com o que se vive, com a vida, a ser o campo da verificação.

A verdadeira verificação cumpre-se, portanto, em relação a Cristo, pois foi Ele quem realizou uma vontade agápica plena, ou seja, uma vontade sacrificada à vontade do Pai. Mas é justamente no sacrifício de sua vontade que Cristo revela em plenitude a si mesmo como Filho de Deus, Salvador dos homens. No Getsêmani, Cristo confia todo o seu ser à vontade do Pai, isto é, adere com sua vontade à vontade do Pai, deseja o que o Pai deseja, o que é mais do que se confiar simplesmente ao querer de outro. No Getsêmani, a vontade de Cristo exprime-se justamente no querer aquilo que o Pai quer. E o Pai quer a salvação do mundo, isto é, que a humanidade descubra-se amada por Deus, que veja que é ele quem dá o primeiro passo, e entrega-se nas mãos da humanidade, julgando o ser humano digno de sua confiança. Mas tudo isso significa, para Cristo, entregar-se nas mãos de uma geração pecadora e inimiga de Deus. E, de fato, confiar a própria vontade ao Pai significa, para Cristo no Getsêmani, entregar-se às mãos paternas, que são as mãos dos soldados que vêm para prendê-lo. É verdade que é o sacrifício da própria vontade a salvar a pessoa, mas essa salvação cumpre-se no interior de um sacrifício muito concreto, real, absolutamente distante de qualquer realismo e romantismo religioso ou moral. Para nós, seres humanos, alcançar a liberdade da vontade significa aceitar que tudo aquilo que podemos gerir com a nossa vontade não será investido no bem, porém mais cedo ou mais tarde descobriremos que o bem, o verdadeiro, permanece muito além de nossos empenhos. Nosso supremo ato religioso consiste em aceitar que só podemos pensar o bem, conhecê-lo, desejá-lo e querer colocá-lo em prática, contudo, na realidade, não apenas não somos capazes, mas ainda, pensando realizá-lo, praticamos o mal. Queremos fazer o bem, mas fazemos o mal que não queremos fazer: "Quando quero fazer o bem, é o mal que se me apresenta ao meu lado" (Rm 7,21). No entanto, ao renunciarmos à própria vontade, fazendo-a aderir à vontade daquele que não apenas conhece o bem, mas é o bem e o possui e, por isso, o realiza, temos alguma esperança de que aquilo que fazemos seja bom. Pois a nossa vontade, ao renunciar a fazer-se protagonista, sacrificando a si mesma, torna-se o vaso preparado para a vontade do amor verdadeiro, capaz de realizar uma vida agápica.

Santo Inácio de Loyola, quando sugere as orações para a verificação da vontade, insiste de maneira particular nos colóquios. O que são esses colóquios dos quais Inácio fala tantas vezes, sublinhando sua importância já na verificação dos pensamentos? Uma coisa é a oração feita como uma reflexão, e Inácio fala também da verificação das reflexões. Mas está muito consciente, como grande mestre da oração, de que quando oramos refletindo, pensando, ponderando, podemos mais facilmente encontrarmo-nos sozinhos. É muito fácil, neste caso, sair da relação com Deus e mergulhar em pensamentos que podem ser muito religiosos, devotos, ter como objeto uma realidade altamente espiritual, sem, contudo, ter a segurança de que se trata de uma oração autêntica, ou seja, uma relação consciente com Deus. Por isso, Inácio sublinha a importância de momentos de verdadeiros colóquios, de modo a explicitar a verdadeira natureza da oração, que é este abrir-se ao Senhor, este dar-se conta dele, não apenas seguindo nossos pensamentos, nossos inten-

4. As verificações de nossa livre adesão a Cristo

tos, nossos desejos, mas perguntando, pedindo, propondo, esperando, acolhendo, aceitando... todos os termos que exprimem uma atitude relacional, dialógica, de uma pessoa que se encontra em colóquio verdadeiro, real, com outra pessoa vivente.

Nessas verificações tão importantes para a nossa livre adesão a Cristo no modo de pensar e de querer, os colóquios consolidam a autenticidade de nossa oração e de nosso caminho espiritual, pois só são possíveis se nos sentirmos vivamente inseridos na Igreja, se tivermos com os santos uma certa familiaridade, e se estivermos, assim, no interior da contemplação do amor das Pessoas divinas para poder conversar com elas a respeito daquilo que pedimos na oração. Se analisarmos um texto inaciano, esses colóquios são normalmente perguntas, pedidos ou propostas de Inácio, que expressos de tal maneira fazem amadurecer nele a prontidão para acolher aquilo que Deus lhe sugere pelas inspirações que suscita. E justamente nessa verificação da vontade, a oração deve ser tão mais autêntica quanto maior for o risco do engano, da ilusão, do desvio.

A história da espiritualidade cristã testemunha o grande risco de erros e patologias espirituais, justamente pela incorreta compreensão do papel da vontade e seu uso incorreto na vida espiritual. Normalmente pensamos com certa leviandade na importância de ter bons e válidos propósitos e, depois, no empenho na vontade de persegui-los. Mas esta é uma das tantas armadilhas disseminadas na vida espiritual. A pessoa pode usar a vontade em favor de um eu não purificado e ainda gravemente afetado pela filáucia. Então, pode pensar que está fazendo um caminho de ascese, ideal, perfeito, e pouco a pouco se encontrar amargurada, desolada, sem frutos na vida espiritual. A verificação consiste exatamente em colocar em pratos limpos se a nossa vontade está realmente se sacrificando, se está se ofertando à de Deus, desligada de todas as amarras e apegos às coisas e aos projetos por si bons, de modo que estes possam se realizar verdadeiramente somente se Deus os quiser, pois somente assim serão realizados seriamente e permanecerão, já que realizados no amor. A vontade de Deus quer amor, é amor e, por isso, se realiza no amor. Mas, na vida, realizar as coisas com amor significa passar pela Páscoa. O sacrifício da própria vontade, um ato interior, mas carregado de paixão pascal, de fato, depois se realiza no trabalho da história cotidiana. Retornamos às duas dimensões de Cristo no Getsêmani: o Pai e a prisão.

A VERIFICAÇÃO DO AMOR[4]

A última verificação da integralidade de nossa adesão a Cristo é a da humildade, ou do amor. Trata-se de ver o quanto minha atitude, no fundo, é verdadeiramente de reconhecimento do outro, o quanto é radical, o quanto, ao contrário, ainda tenho de reservas e resistências. Santo Inácio estrutura essa verificação em três graus. O primeiro ajuda a ver se, verdadeiramente, Deus é o primeiro em nosso coração, se ele não possui substitutos, se a criatura não pode competir com o Criador. É um pouco a cena do Éden no momento da criação do mundo. O homem, como criatura, com uma relação viva e forte com o Criador, tem de Deus a ordem de não comer frutos de uma determinada árvore. Enquanto o homem não come daquela árvore, a voz à qual se detém, a primeira voz de seu coração, é a de Deus e nada se apresenta como substituto. Os mestres espirituais colocam freqüentemente em evidência que nem mesmo a própria vida pode estar em competição com a fidelidade a Deus. Deus é o primeiro. Ele é a vida e eu, justamente porque fui redimido por ele, possuo uma consciência experiencial da vida e estou vivo somente graças a ele. De fato, sem Deus não existe vida. Por isso, não há nenhum cenário, mesmo com todo o fascínio e brilho possíveis, que possa convencer-me, mesmo que por um momento, de que há qualquer vida fora do amor de Deus.

---

[4] MACÁRIO. *Discorsi*, 133 e 136, cit.; EESS 164-168.

4. As verificações de nossa livre adesão a Cristo

Esse primeiro grau da verificação explicita o fundamento e o princípio religioso, isto é, o reconhecimento de Deus, o afirmar Deus, o prostrar-se diante dele e aceitar que ele é o primeiro, a fonte, e que eu sou apenas uma criatura. Assim se verifica a humildade, isto é, se a pessoa já experimentou a salvação de Deus a um tal grau, a ponto de estar certa de que sozinha não pode fazer nada e que somente ao encontrar o epicentro em Deus pode realizar algo de acordo com o Senhor. É a humildade, então, não no sentido de ter em si mesmos um apoio definitivo e absoluto, mas de encontrá-lo no Outro e com o Outro. E isto é exatamente o amor. Mas essa atitude de amor a Deus se pode ter somente se amados por ele, somente se o amor já é uma consciência experiencial, um fato inabalável. Por isso, os mestres espirituais sugerem uma passagem de verificação posterior.

A fim de que eu não me iluda e não pronuncie voluntariosamente minha adesão a Cristo, minha crença incondicional nele, passo por um outro filtro. Este segundo momento da verificação do amor nos faz ver se o Senhor é tão precioso assim a ponto de não existir nada que possamos fazer, desejar ou querer, senão estar com ele e fazer o que ele quer. É a humildade entendida como uma atitude na qual eu transfiro toda a importância ao Outro, a ponto de não ousar desejar para mim uma vida longa ou breve, saúde ou doença, mesmo se uma ou outra coisa tivesse o mesmo êxito em minha salvação. Assim, a atenção transfere-se cada vez mais sobre duas pessoas, a do Senhor e a do crente. O crente experimenta que o Senhor é tudo e, portanto, não gostaria de perder nada dele, e que possui apenas o desejo de uma atenção cada vez mais completa a ele, de considerá-lo sempre mais integralmente. E, assim, mesmo as coisas mais óbvias que dizem respeito à pessoa do crente, à sua vida, ou mesmo às coisas normalmente agradáveis, úteis, convenientes, não o atingem mais, pois somente o Senhor o atinge e aquilo que ele quer para sua vida, pois somente o Senhor sabe, e lhe preparará a vida e o caminho. Neste ponto, a pessoa não apenas não está pronta para desligar-se de Deus, mas também o amor a leva a tal intimidade com o Senhor a ponto de não querer perder nem mesmo as menores oportunidades para dele não se descuidar.

O terceiro momento de verificação é supremo e total. A pessoa conhece, pela experiência, o Senhor como Messias pascal. Não se trata somente de um Deus onipotente, de um Messias taumaturgo, de um Profeta com poder na palavra, de um Mestre sapiente em doutrina, mas do Senhor pascal. O conhecimento entre os dois é tão íntimo e íntegro, que o crente pede a graça de poder participar daquilo que é a verdade mais absoluta e, ao mesmo tempo, mais histórica, mais humana do Senhor. Mesmo que a pessoa se salve e, de todo, viva espiritualmente do modo mais intenso em uma vida de sucesso, saúde, bom acolhimento entre as pessoas, ainda assim, pede ao Senhor a graça de poder participar com ele das infâmias, do fato de ser rejeitado como ele, de ser considerado louco. É um pedido insano, e só o pode fazer quem é despreocupado e não leva as coisas a sério, não está presente naquilo que faz; ou então alguém que foi tocado pelo amor de Deus e não consegue mais esquecer os traços de sua face e sabe, agora, o que é verdadeiro e o que não é, o que é ilusão e o que é realidade, também a respeito de Deus, e compreende que o cristianismo não é um discurso sobre Cristo, sobre os valores e sobre a cultura do Evangelho, mas o amor insano de Deus pelos homens e dos homens por ele. É um amor tão insano que nenhuma lógica do mundo pode reger, pois só pode ser compreendido por uma inteligência agápica.

A porta para o conhecimento de Deus é o conhecimento experiencial desse amor, um amor caracterizado por um encontro verdadeiramente pessoal com ele. A pessoa de Deus é assim tão concreta, que nos sentimos impulsionados somente pelo amor. Por nenhum outro motivo, nem por conveniência, nem por imperativos éticos, mas somente por amor queremos consumar a nossa vida sobre os rastros do Senhor, juntos a ele, de

4. As verificações de nossa livre adesão a Cristo

modo a passar aquilo que ele passou. Quando estamos assim tão próximos a ele, tudo aquilo que lhe acontece, acontece também a quem o ama. Não se trata de "imitar" Cristo de maneira formal. É o amor que nos torna semelhantes e nos impulsiona a dar os passos que ele deu, a fazer os gestos que ele fez e a pensar como ele pensa. Se podemos pedir a graça de estarmos tão próximos a Cristo, de estarmos tão radicalmente implantados nele a ponto de sofrer o lado mais concreto de seu amor pascal, então declaramos, praticamente, que nossa vida possui um valor único: aquele de ser consumada pelo amor junto à vida do Senhor. Quem ousa pedir essa graça adquiriu a atitude pascal que somente o Espírito Santo pode comunicar e imprimir no coração humano. E, portanto, está certamente desvinculado de qualquer ideologismo, moralismo, psicologismo, ou seja, é uma pessoa autenticamente religiosa.

A característica fundamental desse amor é a humildade. A pessoa a alcança por meio de muitas humilhações suportadas no amor e por causa do amor. Mas a grande humilhação ao seguir o Senhor é o pecado. E é somente no encontro com a Face do amor que o cristão vive essa humilhação como passagem à humildade. E uma vez alcançada tal humildade, o cristão é capaz de levar a cabo sua missão, sua vocação, justamente porque não está preocupado consigo mesmo. Por isso pode estar completamente entregue e dedicado àquilo que Deus lhe pede. Mesmo que sofra desonras, contrariedades ou até mesmo perseguições, não responde aos insultos, não se coloca a discutir com aqueles que o contradizem e o combatem. Sofre tudo com essa atitude de humildade e amor que o estimula a participar da Páscoa de Cristo.

Essa verificação de amor explicita também a maturidade do cristão em relação à sua pertença à Igreja, já que pertencer a Cristo significa pertencer à sua Igreja. Os três níveis da verificação correspondem, de fato, a diversos graus de maturidade da pertença. Pode-se estar na Igreja sem uma experiência pessoal de salvação de Deus aceita conscientemente, mas pelo simples fato de que com o batismo incorpora-se à Igreja. Vive-se aquilo que vive a Igreja em sua tradição apostólica, aceitando os mandamentos, os preceitos, como uma ajuda que nos sustenta em nosso caminho em direção ao Senhor. O preceito é uma espécie de caridade da comunidade eclesial. Já que existem aqueles que vivem uma relação muito estreita com Cristo, que aceitaram, conscientemente, o seu amor e a ele se entregaram, as pessoas mais distantes, vendo esses cristãos maduros, buscam viver como eles, aproximar-se do seu modo de pensar e de agir, justamente por causa de uma caridade que se expande na Igreja como dom do Espírito Santo e como testemunho do batismo. É claro que, em um tempo de pluralismo, quem vive a pertença eclesial de modo um tanto frágil é continuamente tentado a ceder em sua fidelidade. A missa dominical, por exemplo, praticada somente como preceito, torna-se uma tarefa difícil de sustentar em um mundo em que as opções são várias. E já que o conhecimento experiencial do Senhor é frágil nesses cristãos, em certo momento é possível que a motivação de ir aos domingos à missa diminua. Mas as pessoas que possuem um conhecimento pessoal da salvação de Cristo e que com ele vivem uma relação tão forte a ponto de pedir a graça de participar de seu destino, de se tornar semelhantes a ele em seu lado mais provado da Páscoa, não vêem a hora de encontrar-se com Cristo e com os irmãos na liturgia. É o amor que as impulsiona a estar com aquele que amam e que as ama. Assim, para essas pessoas, quase não existe o preceito, já que conhecem e sentem o cerne do conteúdo do preceito. Enquanto para quem está mais distante, o preceito torna-se facilmente forma, constrição, proibição, impedimento, para o cristão maduro pode ser uma ajuda que o ampara nos momentos de fraqueza, nos momentos em que a relação é difícil e atravessa-se uma estiagem espiritual. Além disso, quem vive uma relação forte com Cristo vê e percebe a Igreja em toda a sua dimensão dramática, de purificação.

A ORAÇÃO PELA PLENA ADESÃO A CRISTO[5]

Esta verificação não é um ato intelectual, um raciocínio diante de qualquer ideal altivo, mas é uma oração baseada na contemplação da vida de Cristo e, sobretudo, de seu mistério pascal. Um cristão maduro normalmente se dedica à Sagrada Escritura e, sobretudo, às páginas da paixão, morte e ressurreição do Senhor. Contempla-o e degusta o seu amor para colher o sentimento de Cristo, que é o sentimento de Deus para com os homens. É uma oração ao Espírito Santo, pois nos envolve e nos abre cada vez mais plenamente o mistério de Cristo, pois nos une a ele. É, portanto, uma oração de súplica, de requerimento. E é uma oração de votos, empenhos, em que com base na humildade ousa-se pedir a graça da intimidade com Cristo. Convém fazer essas verificações dentro de uma estrutura de oração como vimos no primeiro volume. E quando, enfim, as verificações são feitas mais de uma vez, convém pensá-las mais vezes, mesmo durante o dia, contemplar freqüentemente a face, os gestos de Cristo, suas palavras, escutá-las, senti-las novamente. Se estivermos em um momento em que devemos fazer grandes escolhas e, repetidas vezes, pensarmos na opção que nos está mais próxima, voltarmos freqüentemente à estrada que queremos empreender, é bom que este nosso pensamento seja freqüentemente interrompido com a oração das verificações da adesão a Cristo, com nossas súplicas intensas, sinceras, e com nossos empenhos no espírito diante dele. Assim, os dias passam em um contínuo corresponder entre a oração por uma mentalidade de Cristo, por uma liberdade de Cristo, por um amor de Cristo e nossos pensamentos, nossos projetos, nossas preocupações. Assim, nossos raciocínios, nossos pensamentos são situados em uma constante relação com Cristo, uma relação cada vez mais aprofundada e feita com base em um amor autêntico e purificado.

---

[5] Discorso utilissimo sull'Abate Filemone. In: *Filocalia*, II, cit., p. 361; EESS 135c.

Essas três etapas da nossa união com o Cristo pascal tornam-se, assim, também uma espécie de filtro dos nossos pensamentos, dos nossos propósitos, dos nossos projetos. Os padres espirituais nos aconselham a tomar um pensamento nosso, adiá-lo e, enquanto pensamos sobre ele, tentar entrar com Cristo no tríduo pascal, ler a paixão. Se esse pensamento conseguir permanecer unido a Cristo, como se tivesse sido tecido com ele, enquanto percorremos com Cristo o seu itinerário pascal, então pode ser um pensamento inspirado pelo Espírito Santo. Mas muito facilmente acontece que os pensamentos se enfraquecem, amedrontam-se, desaparecem, pois evidentemente são pensamentos vãos, vazios ou inspirados por nossa filáucia mascarada. Por isso, é muito útil, ao fim do dia ou das orações, escrever alguns pontos-chave daquilo que aconteceu durante a oração.

A ATITUDE DO DISCERNIMENTO[6]

A pessoa que combate corajosamente a luta espiritual contra todas as ilusões e as armadilhas com as quais o tentador a insidia, e, por meio de uma oração freqüente, adquire uma mentalidade do tríduo pascal alcançando uma relativa liberdade da vontade própria, adquire uma purificação da mente, dos sentimentos e do querer. Alcança, assim, uma integração do coração que é capaz de pensar, sentir, querer e agir espiritualmente. O caminho para isso é repleto de verificações que são, praticamente, uma oração contínua que incide no coração de modo definitivo, estável, a figura de Cristo para fazê-la crescer até a plena maturidade. Deste modo, o Espírito Santo, que encarnou a Palavra e que consegue conformar o coração humano em Cristo,

---

[6] RAHNER, H. *Ignatius von Loyola und das geschichtliche Werden seiner Frömigkeit*. Graz-Salzburg-Wien, 1947. p. 48; RUPNIK, M. I. Paralelismos entre el discernimiento según san Ignacio y el discernimiento según algunos autores de la Filocalia. In: PLAZAOLA, Juan (ed.). *Las fuentes de los "Ejercicios espirituales "de san Ignacio*. Actas del Simposio Internacional (Loyola, 15-19 de setembro de 1997). Bilbao, 1998. pp. 262-280.

4. As verificações de nossa livre adesão a Cristo

faz com que a pessoa comece, verdadeiramente, a pensar cada vez mais com Cristo e à maneira de Cristo; comece a descobrir em si o dom de provar os sentimentos de Cristo; comece a desejar aquilo que Cristo deseja. Em poucas palavras, o cristão começa a raciocinar, a sentir e a querer como filho; começa a transparecer em seu cotidiano um estilo de vida de filho no Filho. E é esse estilo de vida que se torna a garantia de sermos capazes de discernir, de colocar em prova os espíritos, de descobrir as corretas inspirações e segui-las. Uma pessoa assim aprende a "mover-se tanto na Babilônia quanto em Jerusalém". É uma pessoa que, no mais profundo dos infernos, descobre os tesouros da fé e que, nas maiores festas, consegue ver o luto. Uma pessoa com esse nível de maturidade não deve mais fazer os exercícios de discernimento de acordo com algumas técnicas precisas, pois já está em uma atitude que lhe permite interpretar e discernir aquilo que lhe está acontecendo e que se apresenta em sua mente. É alcançado esse estado de humildade que permite a Deus revelar-se, essa atitude de amor humilde que a dispõe de tal modo a ser capaz de acolher a revelação do Espírito Santo. Deus doa-se aos humildes e resiste aos soberbos (cf. 1Pd 5,5). O próprio santo Inácio, por exemplo, com toda a sua maestria nas regras e nas técnicas do discernimento, com o passar dos anos não discernia mais segundo suas próprias regras, pois não havia mais necessidade. No início, fazia-se muitas perguntas, impunha-se muitas interrogações, colocava em prática muitas tentativas para descobrir a vontade de Deus. Ao final, encontramo-lo muito mais pacífico, surpreendentemente resoluto, pois a purificação que alcançou permite-lhe contemplar a Deus. Os antigos falavam freqüentemente da purificação da mente, do nosso modo de pensar e de sentir. Certamente o motivo é óbvio: alcançar a integração de todas as nossas capacidades cognitivas no coração, para chegar o máximo possível ao coração puro. O coração puro não é o coração dilacerado e escurecido por pensamentos contrastantes que se embatem, por diversas paixões que desviam o nosso conhecimento, mas é um coração que vive a concordância de todas as dimensões da existência que se dão em consenso à sua livre adesão a Cristo.

O coração puro não é, no entanto, um coração vazio, uma lousa limpa, antes é um coração inabitado pelo amor insano de Cristo, a ponto de pedir a graça de ser conforme a ele e que ele possa ter o primeiro lugar em nossos pensamentos, em nossos sentimentos, em nosso querer. Na realidade, o batismo é uma intervenção em toda pessoa humana, assim como a reconciliação, que nos habilita a vivê-lo com toda a força e riqueza. Essa intervenção da graça do Espírito Santo comporta mudanças também em nossa gnosiologia, na arte do conhecimento. Hoje, não estamos habituados a este pensamento, mas os antigos lembravam-no sempre, como também os grandes autores espirituais modernos. Um coração purificado significa também uma gnosiologia nova, uma nova arte do conhecimento, porque pneumática. A pessoa intui, isto é, tem a certeza do que a une a Cristo e do que a distancia, do que a torna cristoforme e do que a fecha em si mesma. Consegue compreender o que é de Cristo e o que não é, pois chegou a uma tal liberdade interior que não reage com suscetibilidade a nada do que lhe acontece, mas tem o olhar fixo somente no Senhor. A preocupação consigo não lhe faz mais mal.

O OBJETO DO DISCERNIMENTO[7]

Em nossa vida, diversas realidades, em diversos níveis, são objetos de decisões e escolhas. Algumas escolhas são definitivas, como, por exemplo, o matrimônio, o sacerdócio, os votos religiosos. Essas escolhas, justamente por seu caráter irrevogável, são passagens delicadas da existência. Aqui certamente a luta espiritual será mais intensa, pois o inimigo fará de tudo para que a pessoa não cumpra a vontade de Deus, mas de qualquer

---
[7] EESS 170-174.

4. As verificações de nossa livre adesão a Cristo

modo, mais ou menos elegante, faça sua própria vontade passar por cima da vontade do Senhor. Se, pelo contrário, a pessoa encontrar-se já em um desses estados de vida em que começa um caminho de aprofundamento da fé e de acolhimento consciente da salvação, então as escolhas estarão ligadas ao melhoramento do estado de vida em que se encontra, ou seja, ao como aderir mais integralmente a Cristo na vida que escolheu. Pode acontecer também — e freqüentemente isso acontece — de a pessoa reconhecer, com relativa clareza, que errou na escolha do estado de vida. Então abraça com vigor a escolha feita, cuidando de uma atitude de penitente, que é o estado de humildade purificadora que se baseia somente na misericórdia de Deus, e que permite despojar o coração dos próprios desejos e escolher, no dia-a-dia, os passos graças aos quais pode, então, expor-se ao amor de Deus, para que esse amor possa transpor-se através dela e adentrar na história, no ambiente, alcançando as pessoas que lhe são próximas.

Entram nesse discernimento todas as escolhas importantes que se podem apresentar na vida e que, de algum modo, tocam radicalmente o caminho espiritual pessoal, e também as escolhas de vida já feitas. Por exemplo, construir uma casa, empreender algum trabalho, mudar de trabalho, o lugar de trabalho, transferir-se para outro lugar, e assim por diante. Trata-se certamente de momentos que não são fáceis, pois, por meio deles, podemos começar a nos desvincular de uma adesão a Cristo e encontrarmo-nos, pouco a pouco, como protagonistas, isolados, em busca de poderes auto-afirmativos que se esvaziam, depredam e tornam-se uma verdadeira força destrutiva no caminho já feito. Mas o discernimento por uma maior adesão a Cristo atinge também o mundo das relações pessoais, das amizades, dos ambientes que se freqüenta, das coisas que se olha, escuta, lê. Não são inócuas também as escolhas que dizem respeito às despesas cotidianas, aquilo que se compra, o dinheiro que se gasta, os lugares que se escolhe para diversão e descanso, as maneiras de se vestir e apresentar-se... todas essas escolhas estão condicionadas, por um lado, pelas grandes e várias visões, mas por outro, são elas, em sua continuidade, a condicionar as grandes visões e as grandes orientações. Se não tivermos uma aproximação espiritual ao cuidar dessas pequenas, mas importantes realidades cotidianas, se descuidarmos delas, ou buscarmos administrá-las de modo moralista, segundo a regra do "isto se faz", "isto não se faz", "isto pode ser feito até aqui", "a partir daqui não há mais nada a fazer", pouco a pouco, serão elas a corroer a fundação global da vida que cremos ter. Quantas vezes encontramos quem se arrependa dos passos nos quais se enganou, porque se ligou a pessoas erradas, porque se deixou condicionar em momentos inoportunos, porque escolheu um lugar de trabalho errado, porque apostou a vida em um pensamento, em uma idéia, que, depois, se revelou fútil. Lutou e combateu por coisas que pareciam fundamentais, dignas do sacrifício de forças, de tempo, e depois se revelaram detalhes insignificantes, coisas minutas, mesquinhas.

Mas a oração por esse discernimento abrange também a capacidade de interpretar os sinais dos tempos. Discernir aquilo que acontece, ser capaz de ver os significados espirituais sob as escórias da publicidade, das brilhantes formulações da cultura, da informação, da mídia de massa, desmascarar os inchaços dos vários centros de poder que engrandecem os acontecimentos para seu próprio proveito... Ser capaz, sobretudo, de ver a ligação entre os acontecimentos e a história da salvação que continua a cumprir-se. É escolher se lemos a história e interpretamos a contemporaneidade à luz da história da salvação, ou aceitamos, mais ou menos conscientemente, uma interpretação feita pelos outros. Em ambos os casos, trata-se de uma escolha que, acumulando-se a outras que se seguem, cria um pano de fundo, um horizonte avaliador que pode tornar-se uma verdadeira estrutura de pensamento, uma couraça férrea que aprisiona o espírito, sufoca o coração, mata a fé e nos torna rígidos, cruéis, de visões estreitas e míopes. Porém, a arte da oração, do discernimento contínuo, leva a visões amplas, a uma aproximação dinâmica, religiosamente dialógica, em uma contínua adesão ao Cristo da Páscoa eterna.

5
Exercitar-se no discernimento[1]

Já dissemos que a pessoa humana é um organismo vivo, dialógico, e que o caminho espiritual segue o caminho da sabedoria. Somos freqüentemente tentados a esquematizar a pessoa, a submetê-la a diversas teorias, a reduzi-la ao resultado de análises feitas sobre ela, para buscar compreendê-la de modo total, exaurido, para explicar suas reações, seu modo de ser, e com essas mesmas explicações, condicioná-la. São muitíssimos os sofrimentos causados por uma espécie de "violência das teorias" sobre a vida da pessoa. Violências que produzem reações de alergia a qualquer sistema, ordem, esquema, qualquer tipo de conceituação. Trata-se de reações, por exemplo, a um racionalismo psicológico que levam ao anarquismo de uma psique desorientada. Acontece que essas teorizações entraram também na espiritualidade por meio de diversas conceituações filosófico-teológicas, teorizações que assumiram o caráter de obrigações abstratas. E tais obrigações abstratas desembocam, inevitavelmente, no moralismo como única aproximação com a realidade, passando inevitavelmente por esquematizações abstratas que não afloram a vida, mas que devem ser minguadas na vida com uma decisão da vontade e uma gestão da vida segundo tal postura.

A própria história da espiritualidade nos indica os desvios possíveis nesta estrada e as conseqüências catastróficas que isso tem para a alma humana, para a vida da fé e, portanto, para a própria salvação da pessoa. A história está cheia de conceituações

---
[1] EESS 175-188.

sobre o ser humano que se tornaram verdadeiras ditaduras dos sistemas de pensamento, dos modelos aos quais era necessário conformar-se. Muitas vezes o ser humano encontrou-se escravo de sistemas de teorizações que têm, por objeto, ele mesmo. Conhecer-se, compreender-se e realizar-se são realidades radicalmente expostas à tentação, e isso podemos constatar em todas as páginas da Sagrada Escritura.

Por esse motivo, é preciso explicitar mais uma vez o conselho de não buscar também na oração do discernimento uma técnica a ser aplicada, uma receita a seguir, mas, justamente porque o discernimento é um caminho de diálogo encerrado entre a pessoa e Cristo na Igreja, no interior de uma memória comunitária, da tradição, exclusivamente à luz do Espírito Santo, é o próprio discernimento a explicitar que o caminho da pessoa não se divide em etapas nítidas, precisas, automáticas, de crescimento espiritual. É claro que a reconciliação, aquela radical descrita no primeiro volume, é um evento que não se repete a cada ano, mas é verdade, no entanto, que a pessoa deverá ainda embater-se com os próprios pecados. Do mesmo modo, a luta com as fraudes do inimigo não se faz de uma vez por todas, depois que se aprendeu e se passou a viver sempre assim, mas é uma luta que acompanha a pessoa ao longo de toda a vida. Ou melhor, quanto mais se avança, mais o percurso é árduo e a luta, dura.

A oração graças à qual alcançamos uma maior adesão ao Cristo humilhado, desprezado e abandonado na Páscoa não é feita de uma só vez, tornando-se depois, automaticamente, a *forma mentis* do cristão. É um caminho contínuo, com tempos fortes, sim, mas que em seu cerne é uma incessante memória de Deus que se alcança pela oração constante no cotidiano. Por isso, é óbvio que é necessário exercitar-se no discernimento para alcançar, pouco a pouco, com uma sabedoria experiencial, um estado que se torna cada vez mais uma atitude de discernimento contínuo. E, para exercitar-se, visto que não se está ainda penetrado pela mentalidade de Cristo, pelo seu querer e por seu modo de sentir, a tradição espiritual sugere momentos favoráveis ao discernimento, modalidades com as quais se podem fazer escolhas mais autênticas, mais verificadas. É claro que, pouco a pouco, se continuar neste caminho, a pessoa não terá mais necessidade de buscar tais momentos e ater-se a determinados modos de escolha, pois essas coisas tornam-se cada vez mais conaturais. Mas no caminho em direção a essa conaturalidade, é útil fazer exercícios. Contudo, o próprio exercício só é possível quando se trata de uma verdadeira escolha, ou seja, de um verdadeiro discernimento. O exercício, neste caso, não é uma prova no sentido de fazer uma tentativa para ver se algo funciona. Trata-se de um exercício no sentido espiritual, isto é, encontrar-se diante de escolhas e, para fazê-las de maneira a ter a certeza relativa de seguir a inspiração de Deus, observar as etapas que, na tradição espiritual da Igreja, demonstraram ser o melhor caminho para alcançar alguma clareza espiritual.

AS CIRCUNSTÂNCIAS

— Uma primeira circunstância na qual se podem fazer boas escolhas, ou seja, ver a realidade com os olhos de Deus, é quando por muito tempo perdura a adesão a Cristo, uma íntima amizade com ele. A pessoa sente-se intensamente atraída pelo Senhor, pelo seu amor. A atração é forte, a memória de Cristo é quase constante, brota do coração. E, nessa atração por Cristo, a pessoa encontra, sobre o mesmo caminho, a realidade condizente à sua escolha. Essa realidade está na estrada em direção a Cristo, e é totalmente englobada nessa adesão íntegra ao Cristo pascal. Em um forte zelo de amor a Cristo, não se provam, nem mesmo de longe, inquietudes, dúvidas, se se toma ou deixa tal coisa por uma mais radical *sequela Christi*. A pessoa, portanto, é livre, sente um forte amor pelo Senhor, vê claramente que a realidade da escolha pertence ao âmbito desse amor, contudo não o percebe como um dever imposto, não experimenta a urgência que acaba na pressa e na pressão dos afetos que produzem o apego, como quando se é possuído por uma instituição ou por um pensamento. Trata-se antes de uma orientação radical a Cristo, ao Cristo real, verdadeiro, e nessa orientação a realidade pela qual se deveria escolher apresenta-se como sua parte integrante, como um elemento do cumprimento da própria adesão a Cristo. É a liberdade interior, fruto real do Espírito Santo, a garantir que não se trata de um apego camuflado. Uma liberdade espiritual que se reconhece pela prioridade de Cristo, portanto de uma correta hierarquia das realidades, e por esta ausência de dúvidas, de nervosismos, de inquietudes, que normalmente são sinais da teimosia e do apego desordenado que fazem com que se tema perder aquilo que se tem.

Se a pessoa encontra-se em uma dada circunstância, escolhe com tranqüilidade o que há de interno nessa atração por Cristo.

— A segunda circunstância na qual podemos fazer uma boa escolha é a da memória espiritual, quando temos uma memória consolidada das consolações e desolações que experimentamos nas orações dedicadas à reflexão sobre aquilo que estamos para escolher. E como, aplicando as regras da luta espiritual anteriormente expostas, discernimos quais são as inspirações que levam à pacificação no amor do nosso Salvador, alcançamos, pouco a pouco, uma grande clareza de quais estados de ânimo estão mais expostos ao Espírito Santo e quais, ao contrário, estão expostos à cizânia e às perturbações provocadas pelo tentador. Com base nessa clareza, a pessoa escolhe a realidade que mais comporta a adesão a Cristo, uma proximidade e uma abertura mais íntegras ao Senhor. Trata-se, portanto, de um cuidado da memória espiritual, de um bom uso dos exames da oração, em que se evidencia aquilo que acontece na alma, refletindo e orando a respeito do que se tem que escolher. Assim, com o tempo, a pessoa reconhece bastante precisamente o que favorece a adesão a Cristo e o que a perturba. Quando essa memória está bem consolidada,

5. Exercitar-se no discernimento

torna-se evidente e a pessoa consegue reconhecer imediatamente de onde vêm os movimentos internos e para onde levam, é o momento oportuno para fazer a escolha, pois agora existe pouca possibilidade de que se engane seguindo os movimentos errados, a partir do momento em que, pela experiência, reconhece para onde levam.

Deste modo, ela escolhe a realidade que se encontra no interior dos momentos de consolação espiritual.

— A terceira circunstância na qual se pode fazer uma escolha é nos momentos de tranqüilidade da alma. São momentos nos quais a alma não está perturbada por várias tentações que a agitam e a fazem dispersar aqui e lá, momentos de serenidade espiritual e de tranqüilidade interior, caracterizados por uma constante, radical, orientação a Cristo. A pessoa sabe bem o que lhe aconteceu ao encontrar Cristo. Tem bem clara a salvação que a alcançou como um amor real, palpável, de Deus. Esse amor permanece para ela de tal modo inconfundível e forte que agora vê no Senhor o único objetivo de sua vida. A pessoa sabe que o Senhor é a única causa e motivo de sua vida e não quer fazer mais nada a não ser permanecer com ele, fazer sua vontade, servir ao Senhor em tudo aquilo que pode, para alcançar assim o eterno, consumado encontro com ele que já começou a pregustar. A tranqüilidade da alma é causada por essa correta hierarquia.

Trata-se, portanto, de um estado de ânimo de algum modo semelhante àquele da primeira circunstância, só que na circunstância de que estamos tratando agora a pessoa não sente uma atração explícita e imediata, conatural, pela coisa que deve escolher. Mas, justamente por causa da tranqüilidade dos afetos e da razão, a pessoa é capaz de usar a razão de maneira espiritual. A razão pode funcionar segundo sua verdade, ou seja, como guia em direção ao Senhor, indicando os passos a serem dados para alcançar o próprio cumprimento no amor de Deus.

Nessa terceira circunstância, santo Inácio sugere duas maneiras de fazer a escolha.

A PRIMEIRA MANEIRA

A pessoa começa sua oração colocando em evidência o objetivo de sua vida. Renova toda a sua pertença a Cristo, justamente porque foi atingida por ele. O coração é movido pela gratidão e, nesta atitude de reconhecimento e respeito, a pessoa renova a própria adesão ao grande sentido da vida que é o Senhor e a própria entrega a ele, para que ele possa agir nela, e por meio dela estar presente no mundo, na história.

Depois apresenta sinteticamente a realidade que quer escolher e verifica sua liberdade em relação a ela.

Invoca o Espírito Santo para permanecer livre, de maneira que nenhum apego passional possa agir nela, nem para obter algo, nem para recusar. Na oração ao Espírito Santo, busca ver sua real indiferença espiritual. Inácio fala em transformar-se em uma agulha de balança. Essa agulha mover-se-á somente depois de um raciocínio sobre o que é melhor para a nossa íntegra adesão a Cristo e para a sua glória no mundo. Por isso, é preciso transpor a oração na qual a pessoa pede para que o próprio Senhor incite sua vontade de acordo com aquilo que será melhor para sua salvação e para uma mais íntegra abertura ao amor de Cristo.

1. Ao fim dessas orações preparatórias, introdutórias, mas extremamente importantes, a pessoa começa a ponderar, refletindo com o próprio intelecto sobre as vantagens ou utilidades para a adesão a Cristo e a sua presença no mundo, se deve ou não fazer tal coisa.

2. Depois ela considera e elenca todas as desvantagens para sua adesão e para a salvação do mundo e se deve manter tal atitude.

3. Em seguida, pergunta-se mais uma vez se deve adotar tal atitude (as vantagens e desvantagens dizem sempre respeito à íntima adesão a Cristo e à salvação do mundo).

N.B. Evidentemente, convém escrever essas vantagens e desvantagens a respeito de adotar ou não a atitude em questão.

4. Quando, ao fim, a pessoa se encontra com essas quatro colunas de vantagens e desvantagens, invocando o Espírito Santo e renovando o grande sentido de sua vida diante do Senhor, identifica a direção para onde propende a razão e, a partir desse maior impulso da razão, faz sua escolha.

Santo Inácio, que certamente adverte para o risco de uma esquematização exagerada que possa impulsionar uma instrumentalização do exercício espiritual — e com isso possam-se abrir as portas a uma auto-afirmação — aconselha a concluir a escolha com uma oração na qual a pessoa pede ao Senhor, se for sua vontade e se ele o quiser, que aceite sua proposta e a confirme.

Esse exercício, que deve ser feito com muita atenção e sinceridade, é de capital importância. Traz, de fato, a pessoa à visão correta, isto é, àquela da vocação. As escolhas do cristão, se verdadeiras, são sempre uma resposta ao chamado, um aderir ao querer do Senhor, um amor que responde ao amor. Portanto, são livres, não automáticas. Não se pode constranger Deus a aceitar as escolhas feitas por nós pensando que lhe agradam.

No interior de uma cultura como a nossa, predominantemente racional, este uso da razão parece tornar a escolha mais confiável. Todavia, se retomarmos aquilo que dissemos primeiro sobre a passionalidade da mente, trata-se de uma das mais perigosas maneiras de escolher. De fato, a passionalidade e o apego podem ser camuflados sob a aparente frieza e objetividade da razão. Por esse motivo, convém que a pessoa que se exercita espiritualmente, se se servir deste modo de decidir, submeta o processo e suas motivações a uma pessoa espiritualmente esperta, que possa ver se as vantagens dizem respeito somente ao Senhor, à sua adesão a ele e à salvação do mundo, ou se, sob as vantagens e as desvantagens, esconde-se, na realidade, uma filáucia camuflada e tantos apegos desordenados. Aqui é verificada a mentalidade, ou seja, se a pessoa é capaz de raciocinar espiritualmente ou não.

A SEGUNDA MANEIRA

Nós imergimos na oração recordando o amor de Deus. No início da oração, revivo o amor que vem somente de Deus e que me atinge como salvação realmente experimentada, uma salvação que em mim significa a capacidade de amar com um amor que tem sua única fonte no amor com o qual Cristo me amou. Trata-se de uma forte conscientização do amor de Deus que é o fundamento do meu sair de mim, da minha tentativa de amar. Tomo consciência de que o amor é conseqüência do amor de Deus. No íntimo dessa contemplação do amor, renovo e aceito como meu grande sentido de vida a resposta ao amor. Não como um mérito meu, como obra minha, mas como dom recebido e pronta colaboração ao gesto de Deus, à sua graça, ao seu amor. Deste modo, também o amor que posso sentir pela coisa tomada em exame é impelido unicamente pelo amor por Cristo, como resposta ao seu amor.

Depois imagino uma pessoa que jamais conheci, pela qual desejo tudo de bom, toda a perfeição e uma mais íntegra adesão a Cristo para a sua salvação. E na oração, em um diálogo com o Senhor, aconselho a essa pessoa o que deveria escolher e o que deveria fazer. E depois me atenho àquilo que aconselhei ao outro.

Sempre em uma atitude de autêntica oração, imagino a mim mesmo na hora da morte, um momento no qual não tenho mais a possibilidade de voltar atrás, de mudar, de reprovar e nem mesmo de trapacear. Aqui as coisas da vida adquirem um aspecto de definição e de autenticidade. Então, imaginando-me neste momento, na oração diante do Senhor busco ver o comportamento que gostaria de ter tido em relação à escolha em consideração. E então decido. Esse exercício de lembrança da morte era muito estimado pelos mestres espirituais da tradição cristã. Não há dúvida de que é um exercício que leva à sobriedade, ao essencial e que reduz ao mínimo a capacidade de fraudar, de fingir.

5. Exercitar-se no discernimento

Permanecendo no diálogo da oração, imagino-me como gostaria de encontrar-me, na hora do juízo, diante de Deus, em relação ao fato que estou para decidir. A mesma regra que gostaria de ter seguido naquela vez diante do Senhor, juiz da história, aplico-a hoje na escolha que estou para fazer.

Concluo a oração fazendo, por meio dessas passagens, uma escolha com a qual me apresento diante do Senhor com toda humildade pedindo, se a ele agradar, que a aceite, pois ele sabe se este é o verdadeiro bem para mim. Sua confirmação será o que me mostrará que estou agindo da forma correta, que estou respondendo ao seu querer.

Assim como na primeira maneira é intenso o risco de uma razão passional, na segunda maneira é preciso estar atento à estrutura psicológica de quem decide, isto é, ao conjunto de seu caráter e de sua história, pois as vicissitudes pessoais, as feridas, os hábitos, os vícios ou a satisfação afetiva que a pessoa viveu no passado podem incidir bastante na imaginação. Por isso, aqui a escolha deve ser verificada, sobretudo sob o aspecto da autenticidade da oração, ou seja, o quão radical é a abertura e o quanto o objetivo supremo, o amor de Cristo e por Cristo, é mantido constante pela pessoa também no exercício da imaginação. Também a cultura atual, profundamente marcada por uma imaginação sensual e violenta, que atinge as pessoas hoje quase sem critérios, condiciona certamente a imaginação, tanto que sem uma purificação é difícil usá-la diretamente na oração, sobretudo em pontos tão qualificados como o discernimento a respeito de escolhas importantes.

Os primeiros dois momentos, acompanhados por um guia espiritual, estão no âmbito privilegiado de fazer escolhas na tradição da Igreja. Este terceiro momento, com duas maneiras, está certamente mais exposto a possíveis condicionamentos. Por isso, é importante termos ao nosso lado a presença de um guia espiritual. De fato, a pessoa alcança as escolhas por meio de um discernimento, uma luta espiritual, mas não de um modo solipsista, individualista, mas antes como parte integrante de um organismo vivo, sapiencial, ou seja, da Igreja. Por isso, é preciso verificar suas escolhas com pessoas de grande autoridade espiritual. Pedir um conselho espiritual, confrontar-se com uma autoridade espiritual, é uma prática permanente da tradição eclesial.

A esse propósito, são notadas duas questões conexas. Uma diz respeito à autoridade espiritual. Quem tem autoridade espiritual a possui não *ex officio*, mas como um carisma consolidado no ministério do acompanhamento espiritual, da paternidade ou da maternidade espiritual. Trata-se de pessoas realmente iniciadas na vida e na sabedoria espiritual da tradição da Igreja. São pessoas que respiram, pensam, sentem, refletem os santos da tradição. São pessoas com um senso prático, um senso inato da psicologia humana, que conhecem e penetram nas refinadas passagens entre o psíquico e o espiritual, entre o cultural e o teológico. São mestres da luta espiritual.

É difícil encontrar verdadeiros *experts* da vida no Espírito, não somente em nossa época, cujas autoridades espirituais são freqüentemente substituídas por pessoas com competência em ciências humanas, muito úteis, mas ainda auxiliares. Nosso tempo está, sem dúvida, marcado pelo imanentismo, ou seja, pelo fechamento do ser humano em uma estrutura psicossomática ou sociocultural, como se não levássemos a sério a existência do espírito. Estudamos o corpo, estudamos a psique, mas não estudamos do mesmo modo o espírito. A conseqüência é que acabamos por não considerá-lo de maneira autônoma, como uma realidade que tem suas próprias dinâmicas, seus próprios conhecimentos e desenvolvimentos. Assim, freqüentemente, acabamos por aplicar no âmbito do espírito algumas projeções do mundo psíquico ou intelectual. Estarão também estes entre os motivos que têm contribuído para tornar, hoje, mais cansativa a pesquisa de uma pessoa *expert* no espírito e na vida no espírito.

A segunda questão diz respeito a quem vai pedir um conselho. A partir do momento que não se é iniciado em uma vida

5. Exercitar-se no discernimento

sapiencial, o conselho é freqüentemente tomado como teoria e, portanto, existe a tendência a executar aquilo que o outro disse, correndo o risco, assim, de trocar as consciências, os papéis. Não se vai a um padre espiritual para despersonalizar-se, para apagar a própria responsabilidade, mas pela certeza de que a verdade é o amor e que, portanto, é na comunhão que se conhece. A autêntica dimensão da eclesialidade é certamente o caminho do conhecimento espiritual, e é de praxe em nossa tradição cristã que se compartilhem as lutas espirituais, as incertezas, as decisões e também as responsabilidades. Já que a última época é marcada por um acentuado individualismo e pelo auto-referencial, é fácil que se procure uma pessoa espiritual com uma atitude dialética. Trata-se de ir com aquela atitude de humildade que a tradição evidenciava, sobretudo como docilidade, isto é, deixar-se dizer. Isto significa estar atento àquilo que o outro diz, começar a dialogar na oração com o Senhor a respeito de tal pensamento, encontrar-se e debater-se com esse pensamento para se deixar fecundar.

6
A vocação[1]

Um dos objetos do discernimento desta segunda fase é a escolha do estado de vida, ou seja, a resposta à própria vocação. A este propósito, é importante sublinhar alguns pontos indispensáveis para uma escolha saudável da vocação.

— A vocação cristã é a resposta ao chamado à vida com o qual Deus cria cada pessoa. O Espírito Santo comunica ao ser humano o amor do Pai. A vontade de Deus Pai para todo o gênero humano é uma só: Deus, de fato, não pode querer além daquilo que ele é, pois é tudo, é a totalidade. E como Deus é amor, sua vontade é o amor. Deus quer que a humanidade descubra-se amada por ele, que se deixe adentrar por seu amor e, deste modo, cumpra o transformar-se da criação segundo o desenho do Pai, passando das trevas à luz, do pecado à salvação, da morte à ressurreição. A vocação cristã é, portanto, a estrada pela qual mais nos expomos ao amor que Deus Pai nos deu na criação e que quer que nos adentre totalmente, a ponto de alcançar o mundo externo ao nosso redor. A vocação cristã é o chamado a um progressivo adentramento do Espírito Santo que derrama em nossos corações o amor do Pai (cf. Rm 5,5); é um caminho para vencer todas as resistências implantadas em nós pelo pecado, resistências que nos tornam rebeldes ao amor e que nos fazem fechar-nos em nosso egoísmo.

Então, é evidente que cada pessoa tem uma estrada própria na qual se expõe mais radicalmente ao amor, realiza a vida e a

---
[1] CLIMACO, Giovanni. *La scala del paradiso*, I, 6. Roma, 1989. p. 51; RUPNIK, M. I. *Nel fuoco del reveto ardente*, cit.,. pp. 70-71.

graça do batismo e coloca em prática de maneira mais eficaz a graça do testemunho que lhe foi conferido no crisma. Nem todos podem caminhar por esta estrada. Alguns, quando solteiros, são mais facilmente vencidos pela tentação, pelos egoísmos; outros, não. Um outro, no celibato, poderá expor-se mais ao amor e acabar mais facilmente com seu egoísmo. Isto vale tanto para as vocações de estado de vida quanto para as vocações profissionais, trabalhistas. A busca da própria vocação significa identificar como responder à vontade de Deus que quer que sejamos adentrados pelo amor, que nos tornemos filhos pelo Espírito Santo e vivamos, hoje, como filhos. Segundo a visão cristã, a vocação tem por objetivo a ressurreição de nossos corpos, a ressurreição de nossas pessoas, pois uma vocação realiza-se matando o egoísmo, sacrificando nossa própria vontade, expondo-nos ao amor de Deus Pai com o qual o Espírito inunda o nosso viver. E tudo aquilo que é embevecido pelo amor do Pai passa da morte à ressurreição, pois o amor do Pai é eterno.

O amor realiza-se de maneira pascal, já dissemos. Isso significa que a vocação cristã é um caminho sobre o qual a pessoa consome a si mesma em um sacrifício de amor, desfazendo a própria carne, pois não se economiza, mas se oferece impelida pelo amor. Quem ama consome-se, como o germe que cai na terra se desfaz para germinar uma nova vida. A vocação cristã é radical e essencialmente marcada no caminho pascal. Nesse caminho não existem heróis que se colocam em sacrifício por escolha própria, mas apenas discípulos de Cristo que, iluminados pelo Espírito Santo, amparados por sua força, caminham nos rastros de Cristo, em conformidade com ele.

— Se é Deus quem chama, então é evidente que a pessoa deve ir ao seu encontro. É muito mais fácil encontrar a própria vocação e senti-la como conatural quando antes experimentamos o amor de Deus em uma profunda, radical reconciliação com ele. Se tivermos uma autêntica experiência de termos sido salvos pelo Senhor, seremos muito mais capazes de entender

6. A vocação

que é ele quem chama e que nós respondemos, evitando, assim, a clássica armadilha no discernimento das vocações constituída pelos nossos bons propósitos, impelidos por um desejo de mérito, de aparecer, de compensação, de refazer-se, de melhorar, de resgatar-se etc. Quem experimentou a salvação, quem foi tocado autenticamente pelo amor, não cairá na armadilha de programar a vida sozinho, mas buscará colocar-se à disposição de Deus, tornar-se disponível e lhe propor as possibilidades com o destaque necessário, com um coração livre, capaz de ver quais dessas propostas estão segundo o querer do Senhor. A vocação é, portanto, uma questão dialógica e cumpre-se em uma relação encerrada entre o ser humano e Deus, no interior da Igreja, e não segundo um raciocínio de programação sobre a própria vida, isolado da comunidade.

— Uma orientação vocacional inicial começa com o recolher as diversas vozes que podem chamar-nos. Os talentos pessoais, o caráter, um condicionamento cultural, uma inserção social, uma ocupação intelectual, as amizades, uma pessoa encontrada que exerceu forte influência, a Igreja que chama segundo as necessidades da época, as urgências e os sofrimentos dos cristãos em diversas partes do mundo, o Evangelho que sofre violência, como também uma situação na qual somos encontrados sem querer, sem programar nem desejar, mas que pode ser um forte contexto, uma espécie de cruzamento das grandes coordenadas da história que exigem uma resposta total por parte de quem é capaz de entender o peso e a importância dos eventos. A pessoa considera todas essas realidades e, pouco a pouco, entrevê uma espécie de consonância entre elas, como se o mosaico começasse a ser entendido porque cada pedrinha ganha seu lugar no conjunto.

— Antes de chegar à escolha, é importante que, por um período, a pessoa encaminhe-se na direção sugerida por esta sinfonia de vozes, e que use em tal direção também a sua imaginação, tentando ver-se naquele estado de vida, ao lado de tal companheiro, em uma vida familiar, por exemplo, ou em uma missão, em um convento... E tente ativar todas as suas capacidades cognitivas no interior de uma oração na qual observa a si mesma caminhando na direção em que percebe que a Voz, unindo diversas vozes, chama.

— Pouco a pouco aproxima-se o momento da escolha, quando a pessoa percebe que as coisas amadurecem e é preciso começar a trabalhar sobre a liberdade interior. Aqui são sublinhadas duas dificuldades a se ter presentes em nossos dias. Em sua grande maioria, as pessoas são muito lentas na maturação interior. Além do mais, condicionadas por uma espécie de idealização, nunca percebem o tempo da maturidade. E não se trata nem mesmo de um simples medo do definitivo. Antes querem estar seguras de que a vida que escolheram lhes dará uma satisfação e uma agradabilidade afetivas, sentimentais, sem as quais podem sentir-se irrealizadas, expropriadas. Por isso, estamos em um estado de dependência afetiva prolongada, tanto é verdade que cresce também o fenômeno dos filhos adultos ainda dependentes dos pais.

— Para alcançar o estado em que se pode escolher, é preciso passar por um processo de liberação no qual se oferece tudo ao Senhor: todos os talentos, tudo aquilo que se tem, que se é, e também o projeto que se quer seguir. Portanto, também a própria vocação. Uma tal liberação, evidentemente, é fruto do Espírito Santo e de nossa colaboração com a graça. Por isso, pode acontecer somente no interior da oração. Reza-se de modo muito concreto, em um diálogo sincero, oferecendo ao Senhor todos os dons, todos os pensamentos, todos os projetos. Pode ser também um processo doloroso, pois são extirpados os apegos desordenados, passionais. A oração pela libertação é repetida muitas vezes.

— É preciso que quem pense em si mesmo na estrada que está para escolher seja ajudado a fazer isso, verdadeiramente, em companhia do Cristo do tríduo pascal. As famosas orações nas

6. A vocação

quais se verifica a autenticidade da oração, e, portanto, a autenticidade da adesão a Cristo, não podem faltar. Na oração a pessoa começa a ver a ligação real entre uma eventual vocação sua e o mistério da paixão e da ressurreição de Cristo. Qualquer vocação cristã, se quiser alcançar sua plenitude no Senhor, deverá passar pela Páscoa. Antes, como a nossa vocação e a nossa missão já foram cumpridas em Cristo, pois nele todas as promessas já foram cumpridas (cf. 2Cor 1,20), na nossa história, a vocação é vivida à maneira de Cristo, justamente porque é ele que vive em nós (cf. Gl 2,20). E é somente por esse motivo que toda vocação cristã, em sua autenticidade, torna-se uma revelação de Cristo e de seu amor pela humanidade. É preciso estar atento para não fazer classificações avaliadoras das vocações sobre um pano de fundo moralista ou voluntarioso, pois antes ou depois se romperão. É preciso, simplesmente, que a pessoa possa ver, na oração, de maneira bastante realista — por exemplo, no matrimônio ou no sacerdócio —, os sofrimentos, as falências, as derrotas e as dores. E é preciso que consiga percebê-los em união com aquilo que aconteceu a Cristo e que isto seja inseparável do sentir, muito realistamente, o poder da ressurreição (cf. Fl 3,10).

— É bom fazer o discernimento em dias de retiro da vida cotidiana, na solidão e na oração. Evidentemente, é neste sentido que se dão os exercícios espirituais. A pessoa percorre alguns momentos de oração para alcançar depois o momento das decisões, segundo as circunstâncias e as maneiras descritas anteriormente.

— Justamente pela frágil e inquieta estrutura de vida interior típica das gerações de hoje, é bom que a eventual escolha não seja logo definida, senão quando se tiver a certeza de que as pessoas são verdadeiramente maduras, desvinculadas de voluntarismos e de euforias. Convém, então, acompanhá-la em uma escolha temporária, em que num diálogo com o Senhor se estipule uma espécie de aliança com ele, com base na qual, por alguns meses ou por um ano, a pessoa viverá com a identidade interior que assumiu com essa escolha. E pede-se que, se Deus aceitar essa escolha, lhe mande a graça da confirmação. Ou então, que lhe mande sinais que lhe digam claramente que está indo em direção errada. É claro que os sinais de aprovação ou desaprovação são interpretados de maneira espiritual, e devem dizer respeito aos critérios dos movimentos do espírito como descritos anteriormente, não simplesmente um estado emotivo de como nos sentimos a respeito do agradável.

7
O discernimento comunitário[1]

Um outro objeto de discernimento nesta segunda fase nas comunidades cristãs é, freqüentemente, o trabalho pastoral, a missão, as prioridades apostólicas (fechar ou abrir uma comunidade em determinado lugar, assumir uma tarefa pastoral, deixar uma outra etc.). Por esse motivo, volta-se a falar em discernimento comunitário, quando se deseja que toda comunidade participe das escolhas que faz. O discernimento comunitário, no próprio sentido do termo, não significa chegar à escolha somando discernimentos individuais, mas que a comunidade reconheça-se como organismo vivo, que as pessoas que a compõem criem uma comunhão de corações tal que o Espírito possa se revelar, e que seja entendida como uma comunhão de pessoas unidas em aliança. O discernimento comunitário tem por alavanca o amor no qual vive a comunidade. A caridade fraterna é a porta para o conhecimento. O amor é o princípio cognitivo. Portanto, se realmente se vive no amor e não somente se pensa, eis o estado privilegiado para o conhecimento das realidades espirituais e para a criatividade. As intuições, a capacidade criativa, inventiva somente crescem de maneira proveitosa pelo amor. Então, a comunidade pode estar muito mais segura de estar sobre os rastros da vontade de Deus, que intui essa vontade, a conhece e que responde; discerne-se como comunidade, justamente por causa do amor fraterno. O discernimento comunitário não é, portanto, um simples debate sobre um argumento, uma reflexão guiada, participada. O discer-

---
[1] Macário. *Discorsi*, 27, cit.

nimento comunitário não se move sobre as coordenadas da avaliação democrática, com os processos de votação usuais nos parlamentos.

AS PREMISSAS DO DISCERNIMENTO COMUNITÁRIO

São necessárias algumas premissas para que o discernimento, em seu verdadeiro sentido, possa se realizar.

— As pessoas da comunidade deveriam estar, todas elas, em um estado de vida espiritual caracterizado por uma radical *sequela Christi*, com uma experiência refletida do Cristo pascal. Os membros da comunidade devem estar, portanto, bem dentro da lógica pascal e ser impulsionados por um autêntico amor por Cristo, que deve ser o primeiro em seus corações. Se houver membros ainda estagnados nos movimentos de alma típicos da primeira fase do discernimento, isto é, que ainda estão a caminho de uma autêntica experiência de Cristo na reconciliação, é evidente que o discernimento não se realizará. Acontecerá, de fato, que a própria realidade será bela para alguns e feia para outros, como a água de Moisés, que para os hebreus era limpa e para os egípcios, suja. Alguns, de fato, já terão a mentalidade de amigos da cruz de Cristo, outros, mesmo que declaradamente possam falar de maneira absolutamente espiritual, terão uma mentalidade pela qual a cruz de Cristo é estultice. Para alguns é evidente, mesmo que de modo experiencial e de constante fé, que o caminho de todo projeto deve passar pelo tríduo pascal. Outros poderiam rejeitá-lo radicalmente. Mas poderiam aceitá-lo em palavra e, na realidade, raciocinar como se o projeto tivesse que ser realizado evitando o tríduo pascal.

— As pessoas da comunidade deveriam ter também uma maturidade eclesial, uma consciência teológica da Igreja libertada dos determinismos sociológicos e psicológicos, para uma livre compreensão da autoridade e, portanto, uma livre atitude

7. O discernimento comunitário

diante dela. A obediência, de fato, é uma realidade que se abre somente no interior da fé, na medida em que se crê que a vontade salvadora de Deus Pai é mediada, comunicada a cada pessoa com base no princípio da encarnação, já que o coração de nossa fé é a encarnação.

— As pessoas devem estar, ao menos em princípio, prontas a entrar em uma oração para libertar-se dos próprios projetos, dos próprios argumentos e dos próprios desejos.

— É necessária a maturidade humana de saber falar de modo destacado, pacato e conciso. É necessária a maturidade de saber escutar até o fim, de não começar a reagir enquanto o outro fala. Não apenas exteriormente, mas também no interior, escutar até o fim. Uma maturidade psicológica tal a ponto de não poder raciocinar e falar sem um íntegro respeito aos interlocutores, de maneira a não usar palavras como "eu, pelo contrário", "sou diferente", "não concordo", "pelo contrário, penso", "concordo com" etc. É preciso evitar a dialética entre pessoas, justamente porque acende facilmente a passionalidade da razão e leva a defender a própria visão e até mesmo a exagerar o peso do próprio ponto de vista ou a desmerecer o parecer do outro. Deste modo, as pessoas não se encontram mais abertas, começam a fechar-se em si mesmas e em suas próprias visões, ou, no máximo, em pequenos grupos. A dialética é, certamente, o caminho mais eficaz para impedir uma abertura espiritual. Por isso, convém ajudar-se com pequenas regras para não cair em sua armadilha. É preciso estarmos todos propensos ao Senhor e, com ele, ao objeto do discernimento, evitando dificuldades relacionadas às pessoas. Quanto mais tropeçamos entre as pessoas, menos propendemos à direção correta.

— Além disso, é preciso um superior, um guia da comunidade capaz de levar a cabo o processo de discernimento. Ou seja, uma pessoa que tenha uma autoridade espiritual, não simplesmente *ex officio*, e que conheça as dinâmicas do discernimento, de maneira a poder dirigir o processo.

A PREPARAÇÃO IMEDIATA PARA UM DISCERNIMENTO COMUNITÁRIO

Antes de tudo, deve-se ter algo a discernir, já que se deve tratar de algo verdadeiro, evidentemente bom, isto é, que está no espírito do Evangelho e do ensinamento da Igreja, mas que, sobretudo, diga respeito a esta comunidade de modo tão essencial e profundo que a essa escolha estejam subordinadas muitas realidades. Deve ser, portanto, uma questão que esteja ligada à vontade de Deus para a comunidade.

O superior deve ouvir individualmente todos os membros da comunidade, para convidar todos a começar a entrar em um processo de reflexão e de libertação, de verificação da prioridade de Cristo, do amor por ele etc.

No fim dos colóquios, o superior explicita o objeto do discernimento de modo conciso, breve. Sem usar palavras emotivas, palavras que, de algum modo, possam favorecer formações, mas de maneira pacata, quase telegráfica, explicita o objeto do discernimento. Deverá fazê-lo por escrito, de maneira que cada membro da comunidade possa tê-lo, lê-lo, orar e refletir sobre.

É melhor favorecer a solidão no processo preparatório, sem fazer congregações sobre o argumento. Se os membros da comunidade falarem entre si, como é bom, deve ser aplicada a regra de falar somente de dois em dois e nunca mencionando o que o outro disse, comentando que concorda etc. Pode-se exprimir somente o próprio parecer e escutar o do outro, sem comunicar o parecer do outro a um terceiro e argumentar o próprio parecer de maneira dialética com os outros, ou fazendo avaliações que estejam ligadas às pessoas. Por exemplo: "parece-me que o superior não compreende bem", "é claro que muitos na comunidade não entendem o que está em jogo" etc.

As pessoas tomam a cada dia uma hora de oração, possivelmente feita segundo o esquema do primeiro volume, com um exame escrito ao fim para ter um pouco de evidência de como se move a alma, de como são percebidos os movimentos espirituais. No que diz respeito ao conteúdo da oração, é uma invocação ao Espírito Santo, tanto por iluminação, por luz, quanto por liberdade e amor por Cristo. E depois a contemplação do mistério pascal de Cristo, para se embeberem de seu modo de agir, pensar, sentir e querer.

É, fundamentalmente, conservar sempre uma dimensão eclesial também na oração, considerando a necessidade da Igreja, as indicações do magistério a respeito da escolha que estamos para fazer. Isto é importante pelo aspecto basilar do cristianismo, que é a encarnação e a transfiguração da realidade e da história em Cristo.

Pode-se também consultar, à maneira do colóquio espiritual, com muita discrição, alguém sapiente e prudente.

COMO SE DESENVOLVE UM DISCERNIMENTO COMUNITÁRIO

O superior, ou quem preside o discernimento, recolhe a comunidade na capela para uma oração que ele mesmo guia. Uma oração ao Espírito Santo, sobre o pano de fundo de uma página da Sagrada Escritura que, de alguma maneira, diga respeito ao objeto sobre o qual se deve discernir. A oração prevê, internamente, essas passagens em relação à liberdade da própria vontade, à mentalidade da Páscoa etc. Essa meditação, que se desenvolve predominantemente em silêncio, após a introdução do superior, pode durar meia hora.

Depois, o grupo se reúne para a conversação. O guia abre o processo, expondo de modo conciso, sem comentários, sem destaques, o objeto do discernimento.

Escolhe uma pessoa que, como secretário, deverá escrever tudo o que for dito.

Ouve-se o parecer de todos, preferivelmente um após o outro, em círculo. Todos são convidados a falar breve, pausadamente, expondo apenas o parecer ao qual ele mesmo chegou. Ninguém usa palavras de confronto e de dialética com os outros, mas exprime-se de acordo com o objeto da escolha.

Depois da primeira rodada, o guia, que cuidadosamente acompanha o processo observando para onde se movem os consensos, convida todos a participar de uma segunda rodada, na qual cada um escolherá o parecer sugerido na primeira rodada que lhe pareça mais correto, com exceção do próprio parecer.

Ao falar, a pessoa não deve nominar quem expressou o parecer e que agora ela retoma, mas simplesmente acolher sua proposta, explicá-la com suas palavras, talvez acrescentando as coisas que, considerando aquele parecer, lhe vêm à mente e lhe parecem importantes. Acontece, deste modo, que algum parecer começa a compor o consenso de muitos. Só que, se no início aquele parecer foi expresso pela afirmação de duas realidades, pouco a pouco ele vai adquirindo o consenso de muitos, aprofunda-se, alarga-se e engloba as realidades que o tornam verdadeiramente um parecer sólido, sempre mais completo e expressão da comunidade.

Podem-se repetir essas rodadas algumas vezes, até que o consenso seja praticamente total.

O guia, que todo o tempo observa onde está se tecendo o consenso espiritual, conclui precisando bem o resultado, perguntando se a comunidade está de acordo sobre como formularam o conteúdo da decisão.

Deste modo, a comunidade pode estar segura de que aquilo que escolheu não é a afirmação de algum membro da comunidade que sabe falar bem, que é influente, que sabe comprar a todos, que consegue condicionar a todos, mas que veio de fora a proposta mais espiritual, pois teceu o consenso, que é a obra típica do Espírito Santo.

No caso de o discernimento não ser assim tão fácil, e as distâncias entre alguns forem muito fortes, o guia poderá inter-

7. O discernimento comunitário

romper o processo e levar a comunidade novamente à oração, uma oração pela libertação dos próprios pareceres e das próprias visões. E, mais uma vez, se começa uma nova rodada.

Se o processo ainda assim não se desbloquear, convém, depois de uma nova oração, que se comece a escutar a todos mencionando somente as vantagens espirituais se esta for a escolha, depois as desvantagens. Em seguida, pode-se interromper ainda com outra oração para retornar novamente às vantagens e às desvantagens.

Depois que o guia propõe uma escolha, argumentada com as vantagens, e indicando também as desvantagens se todos estiverem em uma verdadeira atitude de discernimento, dever-se-ia encontrar o consenso. As vantagens e as desvantagens são aqui entendidas como referentes à maior adesão da comunidade a Cristo, à maior cristoformidade da comunidade em todos os seus membros e uma maior presença da salvação de Cristo no mundo por meio da comunidade. Cada vantagem ou desvantagem pode ser verificada unindo-a ao Cristo do tríduo pascal, pois este é o caminho do Mestre e de sua esposa, a Igreja. O consenso é um verdadeiro consenso corporativo. Também aqueles que viram mais desvantagens do que vantagens nesta decisão, no final, aderem a ela, fazendo dela sua própria decisão, o que é um verdadeiro exercício espiritual. Em percursos como este, ou parecidos, uma comunidade pode alcançar a certeza de que "decidiram o Espírito Santo e ela" (cf. At 15,28).

Conclusão

▶ Por meio destes dois pequenos volumes sobre o discernimento, vimos que tudo tem seu eixo e sua verificação na Páscoa de Jesus Cristo. Vimos que o discernimento é uma arte de compreender a Deus, de entender-se com o Senhor. Está claro, então, que o discernimento não é uma técnica com a qual se padroniza a linguagem de Deus e seu querer. Não se trata de uma metodologia no sentido das ciências modernas. O discernimento, justamente por ser uma arte da comunicação entre as pessoas, não pode ser reduzido a uma mera técnica psicológica para gerir a vida espiritual.

O pecado bloqueou a comunicação entre ser humano e Deus. Deus, porque é amor, doa-se às mãos dos homens de maneira que o ser humano possa descobri-lo novamente, mesmo que em um ato de violência para com o Filho de Deus. A relação divino-humana instaura-se novamente no sacrifício de Jesus Cristo, verdadeiro Deus e verdadeiro homem, em seu martírio, em sua morte pela humanidade. Jesus Cristo, obediente ao Pai, entregue nas mãos dos homens, aniquila a diferença entre o Pai e a pessoa humana. O Espírito Santo revela este evento de reconciliação entre o ser humano e Deus a cada pessoa concreta. O batismo e a reconciliação, por meio dos quais a Igreja gera seus filhos para a vida nova, estão no âmbito, por excelência, do amor misericordioso de Deus. Portanto, é a Páscoa de Cristo que reabre a comunicação entre Deus e o homem e entre o homem e Deus. É o Espírito Santo que nos introduz na Páscoa do Cordeiro, é ele o artífice do nosso amor a Deus e aos outros homens e, portanto, também artífice da compreensão divino-humana. Por este motivo, a primeira fase do discernimento tem seu cumprimento na acolhida da salvação. Seguindo os pensamentos e os sentimentos sugeridos pelas regras do discernimento da primeira fase, chegamos a admitir a própria verdade de pecadores destinados à morte, isolados da vida. Essa admissão é possível quando já percebemos a face de Deus misericordioso que, na Páscoa de seu Filho, se joga ao colo do pecador arrependido. A pessoa memoriza, imprimindo em seu próprio coração, em todas as suas dimensões, o gosto, o sabor, a luz e a verdade de Jesus Cristo, Senhor e Salvador. É esta memória que se torna a base do discernimento sucessivo.

No segundo volume vimos que a vida do cristão permanece ligada à Páscoa e que o eixo do discernimento sucessivo é um exercício de oração pelo qual se faz adentrar a memória da Páscoa de Cristo, que é a salvação experimentada de modo essencial, no próprio modo de pensar, sentir, querer e agir. Trata-se de revestir-se de Cristo, de ter os seus sentimentos, de raciocinar com ele e de desejar aquilo que ele deseja. As tentações e as fraudes do inimigo fazem-se mais refinadas, o velho homem desponta e quer, com toda astúcia, fazer a pessoa regredir na cultura do pecado. Como não o faz de modo grosseiro e banal, tenta fazer com que a pessoa, mesmo seguindo Cristo muito de perto, torne-se discípula de Cristo à maneira do velho homem. Seguindo o percurso do discernimento desta segunda etapa, a pessoa chega àquela mentalidade da Páscoa de Cristo que a habilita a reconhecer o que é de Cristo e o que finge sê-lo. Então, as escolhas que faz, importantes ou pequenas que sejam, são escolhas que a tornam cristoforme. Tal pessoa adquire sabedoria com a qual pode interpretar a história, os eventos que acontecem e compreender como, por meio da história, Deus cumpre seu projeto de salvação.

Já que esta é uma tarefa que abraça todo o arco da vida espiritual, santo Inácio compõe a terceira e a quarta semanas dos exercícios inteiramente sobre o mistério pascal. Não basta,

Conclusão

de fato, dedicar apenas algum período da vida à contemplação da Páscoa de Cristo, mas o verdadeiro discernimento nos leva a viver uma existência que não se desvincula mais do mistério pascal para chegar à Páscoa eterna de Cristo. O discernimento, portanto, é uma arte com a qual se mantém aquela atitude pascal que está no âmbito do encontro entre o ser humano e Deus, que é a revelação de Deus, mas também do ser humano. Deus é amor e o amor realiza-se de maneira pascal. O homem é imagem de Deus e realiza a si mesmo à maneira do Filho no qual foi criado e salvo. E é somente o Espírito Santo que nos torna filhos. É o Espírito Santo que nos inspira os pensamentos do Filho para adquirir uma mentalidade filial; somente ele nos dá os sentimentos do Filho. E é somente com o amor dado a nós pelo Espírito Santo que esses pensamentos e sentimentos nos fazem entrar na Páscoa e ir até o fim, até a ressurreição. Não existe nenhum acesso espiritual ao mistério da Páscoa, nem a de Cristo, nem a nossa em Cristo, sem o Espírito Santo.

* * *

"Sem o carisma do discernimento, nenhuma virtude pode subsistir e permanecer sólida até o fim: ele é, de fato, mãe e guardião de todas as virtudes" (Cassiano Romano).

Sumário

Apresentação da edição brasileira 5

PRIMEIRA PARTE
Em busca do gosto de Deus

Proêmio 11

1. Onde se insere o discernimento 13
   ENTENDER-SE COM DEUS 15
   O AMOR COMO CONCRETUDE DE RELAÇÕES LIVRES 16
   CRER É AMAR 18
   O DISCERNIMENTO COMO ACOLHIDA DA SALVAÇÃO PARA MIM 21
   PARA EVITAR ILUSÕES SOBRE O AMOR 22
   PARA DESCOBRIR A VOCAÇÃO 24
   NA IGREJA, NA ESTEIRA DA TRADIÇÃO 25

2. O que é o discernimento 27
   COM QUE SE CONHECE 27
   DEUS FALA POR MEIO DOS PENSAMENTOS E DOS SENTIMENTOS ... 28
   O DISCERNIMENTO COMO ATITUDE 30
   DUAS ETAPAS DO DISCERNIMENTO 32
   NÓS NÃO FAZEMOS O DISCERNIMENTO SOZINHOS 34
   DOIS EXEMPLOS ANTIGOS DE DISCERNIMENTO 35

3. As dinâmicas da primeira fase do discernimento .. 41
   PARA SE LIBERTAR DA MENTALIDADE DO PECADO 41

Para além de uma refinada tentação 43
Como se inicia o discernimento 45
   A alegria "frizante" 46
   A alegria silenciosa 49
A regra fundamental 53
   A ação do espírito inimigo sobre a pessoa orientada
   para si mesma 56
   O Espírito Santo na pessoa orientada para si mesma 57
   A ação do Espírito Santo na pessoa orientada para Deus. 60
   O espírito inimigo na pessoa orientada para Deus 61
A oração que conduz ao discernimento 63
   1. *Escolho o lugar da oração, a atitude física e*
   a posição do corpo que assumirei durante esse tempo .. 64
   2. *Para onde vou? O que quero e desejo*
   nesse momento de oração? 65
   3. *A oração absoluta (de* absolutus, *não ligado)* 66
   4. *O núcleo da oração* 67
   5. *O agradecimento* 69
   6. *O exame da oração* 71
Como utilizar os exames da oração 73
Como iniciar o processo de discernimento 75
Até o perdão 78
   Seguindo fielmente os pensamentos e
   os sentimentos espirituais 78
   Não se deter senão diante do Senhor crucificado 79
   Por meio da desolação espiritual 83
   Abrir-se à relação espiritual 84
   A experiência fundante do Deus-Amor 85
A preservação do gosto do perdão 87
   Advertência 90

Segunda Parte
Como permanecer com Cristo

Proêmio 95

1. O princípio e o fundamento para discernir como permanecer em Cristo 97
   ENCONTRAR-SE EM CRISTO 97
   A MEMÓRIA DA SALVAÇÃO EM CRISTO PRINCÍPIO DO DISCERNIMENTO 100
   A REGRA FUNDAMENTAL DO DISCERNIMENTO NO SEGUIMENTO DE CRISTO 103
   A FRAUDE DO INIMIGO QUE SE DISFARÇA DE ANJO DE LUZ 105

2. As tentações 107
   O CISMA ENTRE FÉ COMO RELAÇÃO E COMO CONTEÚDO 108
   A SENSUALIDADE 111
   O APEGO À PRÓPRIA MISSÃO 115
   SENTIR-SE JUSTICEIRO DE DEUS 118
   PENSAMENTOS CONDIZENTES COM A PSIQUE 121
   A TENTAÇÃO DE UMA FALSA PERFEIÇÃO 129

3. Como vencer as tentações 135
   A LEITURA 135
   O COLÓQUIO 138
   A MEMÓRIA DA OBRA DE DEUS 140
   A IGREJA 141
   A DESOLAÇÃO EDUCATIVA 143
   O PENSAMENTO SEM CAUSA 146

4. As verificações de nossa livre adesão a Cristo 149
   FILHOS NO FILHO 149
   A VERIFICAÇÃO DA MENTALIDADE 152
   A VERIFICAÇÃO DA VONTADE 156
   A VERIFICAÇÃO DO AMOR 162
   A ORAÇÃO PELA PLENA ADESÃO A CRISTO 167
   A ATITUDE DO DISCERNIMENTO 168
   O OBJETO DO DISCERNIMENTO 170

5. Exercitar-se no discernimento 173
   As circunstâncias 175
   A primeira maneira 178
   A segunda maneira 180

6. A vocação 185

7. O discernimento comunitário 191
   As premissas do discernimento comunitário 192
   A preparação imediata para um discernimento comunitário ... 194
   Como se desenvolve um discernimento comunitário 195

Conclusão 199

Rua Dona Inácia Uchoa, 62
04110-020 – São Paulo – SP (Brasil)
Tel.: (11) 2125-3500
http://www.paulinas.com.br – editora@paulinas.com.br
Telemarketing e SAC: 0800-7010081